HERMES AUGUSTO COSTA
PEDRO ARAÚJO

As vozes do trabalho nas multinacionais

O impacto dos Conselhos
de Empresa Europeus em Portugal

AS VOZES DO TRABALHO NAS MULTINACIONAIS
O IMPACTO DOS CONSELHOS DE EMPRESA EUROPEUS EM PORTUGAL

AUTORES
HERMES AUGUSTO COSTA
PEDRO ARAÚJO

EDITOR
EDIÇÕES ALMEDINA. SA
Av. Fernão Magalhães, n.º 584, 5.º Andar
3000-174 Coimbra
Tel.: 239 851 904
Fax: 239 851 901
www.almedina.net
editora@almedina.net

PRÉ-IMPRESSÃO | IMPRESSÃO | ACABAMENTO
G.C. GRÁFICA DE COIMBRA, LDA.
Palheira – Assafarge
3001-453 Coimbra
producao@graficadecoimbra.pt

Janeiro, 2009

DEPÓSITO LEGAL
288228/08

Os dados e as opiniões inseridos na presente publicação
são da exclusiva responsabilidade do(s) seu(s) autor(es).

Toda a reprodução desta obra, por fotocópia ou outro qualquer
processo, sem prévia autorização escrita do Editor, é ilícita
e passível de procedimento judicial contra o infractor.

Biblioteca Nacional de Portugal – Catalogação na Publicação

COSTA, Hermes Augusto

As vozes do trabalho nas multinacionais: o impacto
dos conselhos de empresas europeus em Portugal
ISBN 978-972-40-3597-0

I - ARAÚJO, Pedro

CDU 331
     334

Ao Duarte
Ao Simão e ao Dinis

AGRADECIMENTOS

Ao longo do presente estudo, os autores contaram com vários contributos, institucionais e pessoais, que aqui merecem ser destacados.

No plano institucional, um agradecimento, primeiro, à Fundação para a Ciência e a Tecnologia, entidade financiadora do projecto de investigação que deu origem a este livro, e, segundo, às principais confederações sindicais portuguesas, a Confederação Geral dos Trabalhadores Portugueses e a União Geral de Trabalhadores, pela disponibilidade e pela confiança.

No plano pessoal, é devido um agradecimento especial a Carlos Carvalho, responsável da CGTP pelo pelouro dos Conselhos de Empresa Europeus, e a Carlos Silva, Presidente da Direcção do Sindicato dos Bancários do Centro e ex-coordenador do Conselho de Empresa Europeu do Grupo Banco Espírito Santo.

Na concretização do trabalho de campo, um agradecimento especial aos representantes portugueses em Conselhos de Empresa Europeus, aos representantes dos trabalhadores das empresas de dimensão comunitária com sede em Portugal e aos dirigentes sindicais que acompanham o trabalho dos representantes portugueses em Conselhos de Empresa Europeus. A partilha das suas experiências, apreensões e expectativas revelaram-se cruciais para dar corpo à realidade dos Conselhos de Empresa Europeus em Portugal. Um agradecimento, ainda, aos responsáveis das entidades patronais que responderam ao inquérito que lhes endereçámos.

Por fim, ainda no plano pessoal, um duplo agradecimento. À Paula Reis Costa, pelo apoio prestado em diferentes fases do projecto de investigação e à Carina Gomes, pelo apoio na elaboração dos diversos inquéritos realizados e no posterior tratamento dos dados.

ÍNDICE

Introdução	19
Capítulo 1. Os Conselhos de Empresa Europeus em números	29
1. Multinacionais abrangidas pela Directiva 94/45/CE	29
1.1. Países da sede das multinacionais	30
1.2. Sectores de actividade	32
2. Multinacionais e Conselhos de Empresa Europeus	33
2.1. Países da sede das multinacionais	34
2.2. Sectores de actividade	35
3. Multinacionais – Portugal	37
3.1. Multinacionais com sede em Portugal	37
3.2. Multinacionais com operações em Portugal abrangidas pela Directiva 94/45/CE	38
3.2.1. Países da sede das multinacionais	38
3.2.2. Sectores de actividade	38
3.3. Multinacionais com operações em Portugal e Conselhos de Empresa Europeus	41
3.3.1. Países da sede das multinacionais	41
3.3.2. Sectores de actividades	43
Capítulo 2. Multinacionais com sede em Portugal e Conselhos de Empresa Europeus	45
1. Principais obstáculos à constituição de Conselhos de Empresa Europeus em multinacionais com sede em Portugal	45
1.1. Contexto socioeconómico	46
1.2. Características do sistema de relações laborais português e relações entre os principais actores das organizações de representação dos trabalhadores	48
1.3. Representações sobre os Conselhos de Empresa Europeus	51
2. A experiência do Conselho de Empresa Europeu do Grupo Banco Espírito Santo	53
2.1. Condições para a emergência do CEE do Grupo BES	54
2.2. O dinamismo do CEE do Grupo BES	56
2.3. Principais resultados alcançados pelo CEE do Grupo BES	58

8 AS VOZES DO TRABALHO NAS MULTINACIONAIS

**Capítulo 3. Os acordos de Conselhos de Empresa Europeus
envolvendo representantes portugueses** 63
1. Processo de constituição de um Conselho de Empresa Europeu
ou de um Procedimento de Informação e Consulta 64
2. Análise de conteúdo dos acordos 66
    2.1. Natureza dos acordos 68
        2.1.1. Tipo de acordos 68
        2.1.2. Signatários dos acordos: representantes dos trabalhadores 71
        2.1.3. Legislação nacional aplicável 73
        2.1.4. Alcance geográfico 75
        2.1.5. Duração 76
    2.2. Composição, objectivos e competências 77
        2.2.1. Composição 77
        2.2.2. Objectivos gerais 79
        2.2.3. Competências 79
        2.2.3.1. Informação e consulta 80
        2.2.3.2. Oportunidade da informação e consulta 85
        2.2.3.3. Questões expressamente excluídas dos acordos 87
        2.2.3.4. Recomendações 88
        2.2.3.5. Confidencialidade 89
        2.2.4. Despesas com o funcionamento dos Conselhos
        de Empresa Europeus 90
        2.2.5. Os Conselhos Restritos 90
    2.3. Representantes e selecção dos representantes dos trabalhadores 91
    2.4. Reuniões dos Conselhos de Empresa Europeus 95
        2.4.1. Reuniões ordinárias, preparatórias, posteriores e reuniões
        extraordinárias 95
        2.4.2. Língua *franca*, tradução de documentos e interpretação
        simultânea 97
        2.4.3. Peritos 99

**Capítulo 4. As experiências dos representantes portugueses
em Conselhos de Empresa Europeus** 101
1. O perfil sociográfico dos representantes portugueses e as suas implicações 102
2. A experiência dos representantes portugueses em Conselhos de Empresa
Europeus 114

ÍNDICE 9

2.1. Assinatura dos acordos e instituição dos Conselhos de Empresa
Europeus 116
2.1.1. Iniciativa para a constituição dos Conselhos de Empresa Europeus 117
2.1.2. Participação de representantes portugueses no Grupo
Especial de Negociação 118
2.1.3. Negociação dos acordos 119
2.1.4. Conteúdo dos acordos 120
2.1.5. Questões objecto de informação e consulta 122
2.1.6. Revisão e reformulação dos acordos 123
2.1.7. Selecção dos representantes 124
2.1.8. Duração dos mandatos 126
2.2. Funcionamento dos Conselhos de Empresa Europeus 128
2.2.1. Definição da agenda 128
2.2.2. As reuniões dos Conselhos de Empresa Europeus 129
2.2.3. Protagonismos diferenciados: as sedes das multinacionais
e os Conselhos Restritos 131
2.2.4. Balanço das reuniões dos Conselhos de Empresa Europeus 138
2.2.5. Difusão da informação aos trabalhadores 154
2.3. Balanço global da acção dos Conselhos de Empresa Europeus 158

**Capítulo 5. As percepções dos representantes das entidades
empregadoras sobre os Conselhos de Empresa Europeus** 173
1. As entidades empregadoras face aos Conselhos de Empresa Europeus 174
1.1. Constituição dos Conselhos de Empresa Europeus 174
1.2. Participação das administrações locais nas actividades
dos Conselhos de Empresa Europeus 175
1.3. Avaliação das competências dos Conselhos de Empresa Europeus 176
1.4. Avaliação das principais vantagens e limitações dos Conselhos
de Empresa Europeus 182

Considerações finais 185

Referências bibliográficas 193

Anexos 203
Anexo 1. Directiva 94/45/CE 203
Anexo 2. Os Acordos do Procedimento de Informação e Consulta
e do Conselho de Empresa Europeu do Grupo Banco Espírito Santo 222

ÍNDICE DE QUADROS, GRÁFICOS E FIGURAS

Quadros

QUADRO 1. Estatuto das multinacionais em relação à Directiva,
por países da sede das multinacionais — 31

QUADRO 2. Multinacionais abrangidas pela Directiva em relação
à constituição de CEEs — 33

QUADRO 3. Multinacionais abrangidas pela Directiva em relação
à constituição de CEEs, por países da sede das multinacionais — 34

QUADRO 4. Multinacionais abrangidas pela Directiva em relação
à constituição de CEEs, por sectores de actividade agrupados — 36

QUADRO 5. Estatuto das multinacionais com operações em Portugal
em relação à Directiva, por países da sede das multinacionais — 39

QUADRO 6. Multinacionais com operações em Portugal, por sectores
de actividade agrupados — 40

QUADRO 7. Estatuto das multinacionais com operações
em Portugal em relação à Directiva — 41

QUADRO 8. Multinacionais com operações em Portugal
em relação à constituição de CEEs — 41

Quadro 9. Multinacionais com operações em Portugal em relação
à constituição de CEEs, por países da sede das multinacionais — 42

Quadro 10. Multinacionais com operações em Portugal, com e sem CEEs,
por sectores de actividade agrupados — 43

Quadro 11. Tipo de acordo — 69

Quadro 12. Tipo de acordo, por sector de actividade — 70

Quadro 13. Signatários dos acordos por parte dos trabalhadores — 72

Quadro 14. Legislação aplicável — 73

Quadro 15. Legislação aplicável igual ou diferente à do país de origem,
no e fora do EEE — 73

Quadro 16. Legislação aplicável igual ou diferente à do país de origem,
por país no e fora do EEE — 74

Quadro 17. Alcance geográfico dos acordos (sucursais abrangidas) — 75

Quadro 18. Acordos restritos e acordos abrangentes,
por país da sede das multinacionais — 83

Quadro 19. Acordos restritos e acordos abrangentes,
por sectores de actividade — 84

Quadro 20. Acordos restritos e acordos abrangentes, por tipo de acordo — 85

12 AS VOZES DO TRABALHO NAS MULTINACIONAIS

Quadro 21. Questões expressamente excluídas dos acordos — 87
Quadro 22. Requisitos para a eleição/nomeação dos representantes dos trabalhadores — 94
Quadro 23. Formação dos representantes dos trabalhadores — 94
Quadro 24. Frequência das reuniões ordinárias dos CEEs — 95
Quadro 25. Reuniões preparatórias e posteriores — 96
Quadro 26. Língua de referência — 97
Quadro 27. Língua de referência, por país da sede das multinacionais — 98
Quadro 28. Tradução e interpretação — 98
Quadro 29. Peritos — 99
Quadro 30. Distribuição por sexo e sector de actividade dos representantes portugueses inquiridos — 104
Quadro 31. Distribuição por sexo e grupo etário dos representantes portugueses inquiridos — 105
Quadro 32. Exercício de funções de chefia por parte dos representantes portugueses inquiridos — 106
Quadro 33. Filiação sindical dos representantes portugueses inquiridos — 108
Quadro 34. ORT à qual os representantes portugueses inquiridos se dedicam — 108
Quadro 35. Representantes portugueses inquiridos dedicam-se ao sindicato... — 109
Quadro 36. Representantes portugueses inquiridos dedicam-se à comissão de trabalhadores... — 109
Quadro 37. Número de línguas para além da materna — 111
Quadro 38. Línguas mais referidas — 111
Quadro 39. Respostas ao inquérito — 115
Quadro 40. Relação sectores-entrevistas — 115
Quadro 41. Iniciativa para a constituição dos CEEs — 117
Quadro 42. Processo de eleição/nomeação dos representantes portugueses — 125
Quadro 43. Duração dos mandatos dos representantes portugueses — 126
Quadro 44. Avaliação da duração dos mandatos, por tempo de mandato — 127
Quadro 45. Definição de uma estratégia prévia às reuniões dos CEEs por parte dos representantes — 129
Quadro 46. Acesso privilegiado à informação por parte dos representantes da sede da multinacional — 132
Quadro 47. Acesso privilegiado à informação por parte dos representantes da sede da multinacional e participação desigual — 133
Quadro 48. Partilha aberta da informação em sede dos CEEs — 134
Quadro 49. Informação abertamente partilhada em sede dos CEEs e participação desigual — 134

ÍNDICE DE QUADROS, GRÁFICOS E FIGURAS   13

Quadro 50. Participação dos representantes portugueses
no Conselho Restrito 136

Quadro 51. Avaliação da importância do Conselho Restrito 136

Quadro 52. Avaliação da importância dos Conselhos Restritos,
por participação 137

Quadro 53. Factores de valorização dos Conselhos Restritos 137

Quadro 54. Avaliação da informação divulgada nas reuniões dos CEEs ... 141

Quadro 55. Oportunidade da informação 143

Quadro 56. Oportunidade da consulta 143

Quadro 57. Avaliação da consulta 144

Quadro 58. Oportunidade da informação e oportunidade da consulta ... 144

Quadro 59. Recurso ao princípio da confidencialidade 147

Quadro 60. Frequência dos contactos com membros do CEE 151

Quadro 61. Acesso à informação por via informal 152

Quadro 62. Processos de devolução da informação 155

Quadro 63. Capacidade dos CEEs para influenciarem decisões 158

Quadro 64. Intervenção dos CEEs para resolução de problemas locais ... 161

Quadro 65. Problemas locais referidos pelos representantes portugueses ... 162

Quadro 66. Resolução dos problemas através dos CEEs 162

Quadro 67. Resolução dos problemas através dos CEEs,
por tipo de problema 163

Quadro 68. Respostas ao inquérito 174

Quadro 69. Iniciativa para a constituição do CEE 174

Quadro 70. Caracterização do processo de constituição do CEE 175

Quadro 71. Informação da administração local sobre as actividades do CEE ... 175

Quadro 72. Fonte de informação da administração local
sobre as actividades do CEE 176

Quadro 73. Avaliação da participação da administração local
nas actividades do CEE 176

Quadro 74. Descrição do papel do CEE (perguntas abertas) 177

Quadro 75. Classificação do CEE pelas administrações 178

Quadro 76. Planos para melhorar o funcionamento do CEE 178

Quadro 77. Avaliação dos impactos do CEE na empresa
– Participação dos trabalhadores na vida da empresa 179

Quadro 78. Avaliação dos impactos do CEE na empresa
– Participação dos trabalhadores nos processos de decisão 180

Quadro 79. Avaliação dos impactos do CEE na empresa
– Relações entre administração e trabalhadores 181

14 AS VOZES DO TRABALHO NAS MULTINACIONAIS

Quadro 80. Avaliação dos impactos do CEE na empresa
– Efeitos práticos dos CEEs 181
Quadro 81. Avaliação das principais vantagens dos CEEs 183
Quadro 82. Avaliação das principais limitações dos CEEs 183

Gráficos
Gráfico 1. Multinacionais abrangidas e não abrangidas pela Directiva,
por sectores de actividade (*ranking* sectorial) 32
Gráfico 2. Multinacionais com e sem CEEs, por sectores
de actividade agrupados 37
Gráfico 3. Multinacionais com operações em Portugal, por sectores
de actividade agrupados (*ranking* sectorial) 40
Gráfico 4. Multinacionais com operações em Portugal, com e sem CEEs,
por sectores de actividade agrupados (*ranking* sectorial) 44
Gráfico 5. Tipo de acordo (acordos agrupados) 69
Gráfico 6. Tipo de acordo, por sector de actividade (acordos agrupados) 71
Gráfico 7. Alcance geográfico dos acordos (sucursais abrangidas) 75
Gráfico 8. Duração dos acordos 76
Gráfico 9. Composição dos CEEs 78
Gráfico 10. Composição dos CEEs, por país da sede das multinacionais 78
Gráfico 11. Composição dos CEEs, por sectores de actividade 79
Gráfico 12. Acordos restritos e acordos abrangentes 82
Gráfico 13. Acordos abrangentes, por número de questões incluídas 82
Gráfico 14. Referência à oportunidade da informação e consulta 87
Gráfico 15. Confidencialidade 89
Gráfico 16. Distribuição por sexo dos representantes portugueses inquiridos 102
Gráfico 17. Distribuição por grupo etário dos representantes
portugueses inquiridos 104
Gráfico 18. Antiguidade na empresa dos representantes
portugueses inquiridos 106
Gráfico 19. Nível de instrução dos representantes portugueses inquiridos 107
Gráfico 20. Competências linguísticas dos representantes
portugueses inquiridos 110
Gráfico 21. Avaliação das questões objecto de informação e consulta 141

Figuras

Figura 1. Lista das multinacionais com sede em Portugal, 2004-2006 — 38

Figura 2. Principais obstáculos à constituição de CEEs em multinacionais com sede em Portugal — 46

Figura 3. Condições de emergência, factores dinamizadores e resultados do CEE do Grupo BES — 53

Figura 4. Principais etapas e calendarização para a instituição de um CEE ou PIC — 66

Figura 5. Tipologia das questões objecto de informação e consulta — 81

Figura 6. O triângulo: oportunidade da informação, efectividade da consulta e capacidade de influência — 142

SIGLAS

CEEs	Conselhos de Empresa Europeus
CEEP	*European Centre of Enterprises with Public Participation*
CES	Confederação Europeia de Sindicatos
CGTP	Confederação Geral dos Trabalhadores Portugueses
CISL	Confederação Internacional dos Sindicatos Livres
CR	Constituição da República
CTs	Comissões de Trabalhadores
EEE	Espaço Económico Europeu
ETUI-REHS	*European Trade Union Institute for Research, Education and Health and Safety*
GEN	Grupo Especial de Negociação
Grupo BES	Grupo Banco Espírito Santo
OIT	Organização Internacional do Trabalho
OCDE	Organização para a Cooperação e Desenvolvimento Económico
ORTs	Organizações de Representação dos Trabalhadores
PIC	Procedimento de informação e consulta
UE	União Europeia
UEAPME	*European Association of Craft, Small and Medium-sized Enterprises*
UGT	União Geral de Trabalhadores
UNI-Europa	*Union Network International-Europa*
UNICE	União das Indústrias da Comunidade Europeia

INTRODUÇÃO

O presente livro resulta de uma pesquisa realizada entre Julho de 2005 e Setembro de 2007, ao abrigo do projecto "Os Conselhos de Empresa Europeus: entre a entre a responsabilidade social da empresa e a participação laboral" (POCTI/SOC/59689/2004), financiado pela Fundação para a Ciência e a Tecnologia.

Em 22 de Setembro de 1994, o Conselho Europeu aprovava a Directiva 94/45/CE e dava um passo decisivo na concretização da ideia de "Europa Social".[1] A emergência da Directiva inseria-se num movimento amplo, numa luta que há muito vinha sendo travada no sentido de fazer corresponder à unificação política e económica da Europa e à crescente operação das empresas à escala europeia, um sistema de relações laborais genuinamente europeu e um quadro legal e institucional que garantisse aos trabalhadores direitos de representação e participação a essa escala. Expandindo-se a esfera de acção das multinacionais, era, pois, imperativo que se expandisse também a esfera de actuação dos trabalhadores.

Os Conselhos de Empresa Europeus (CEEs) surgiram, neste contexto, como mecanismos de compensação do défice de representação e participação dos trabalhadores a nível europeu e no seio das multinacionais. Representação e participação essas que os sindicatos nunca foram verdadeiramente capazes de contemplar (Wills, 2001; 2004), limitando assim as promessas de um novo internacionalismo operário (Santos e Costa, 2004; Costa, 2006a; 2008).

Na sua concepção, os CEEs apresentam uma faceta regulatória e uma faceta emancipatória. Por serem o produto de uma lei comunitária, os CEEs ostentam uma faceta regulatória, podendo ser vistos como herdeiros de uma *regulação de cima para baixo* (Miller, 1999: 346) que visa criar um sistema transnacional de informação ajustado à estrutura transnacional das empresas ou grupos de empresas de dimensão comunitária. No entanto, subjacente aos CEEs esteve igualmente a ideia de que, por seu intermédio, seria possível criar condições de uma *luta a partir de baixo*. Subjacente aos CEEs, na verdade, encontra-se a possibilidade de estes se virem a tornar instituições de representação dos trabalhadores *genuinamente europeias*, agindo como um

---

[1] Para um olhar sobre alguns dos principais momentos que, ao longo dos últimos 50 anos, deram corpo ao projecto de "Europa Social", cf. Costa (2002: 74-75; 2005: 249-256).

actor colectivo na defesa de interesses comuns na base da solidariedade transnacional (Hoffmann, 2002; Knudsen, 2003a; 2003b).

De entre os vinte e quatro "considerandos" que dão corpo ao preâmbulo da Directiva 94/45/CE, será porventura o nono aquele que melhor sistematiza as razões de fundo desta lei comunitária: "Considerando que o funcionamento de mercado interno implica um processo de concentrações de empresas, fusões transfronteiriças, absorções e associações e, consequentemente, uma transnacionalização das empresas e dos grupos de empresas; que, para assegurar o desenvolvimento harmonioso das actividades económicas, é necessário que as empresas e os grupos de empresas que operam em diversos Estados-membros informem e consultem os representantes dos trabalhadores afectados pelas suas decisões".[2]

Este considerando reflecte adequadamente o reconhecimento de que, face aos processos de globalização económica e aos défices de organização social no domínio laboral, os mecanismos transnacionais de representação dos trabalhadores contidos na Directiva poderiam repor algum equilíbrio na relação, por si desigual, entre capital e trabalho no seio das multinacionais.

Desde o início estiveram associadas à Directiva um conjunto de expectativas, nomeadamente em relação às suas potencialidades em termos de europeização do diálogo social (Paternotre, 1998), de incremento da democracia laboral (Buschak, 1995), de estabelecimento de redes de comunicação entre representantes dos trabalhadores e estruturas de representação (Wills, 2000), de um renovado fôlego (e desafio) para a acção sindical e para a reivindicação colectiva (Lecher *et al.*, 1999; Wills, 2004; Telljohann, 2005a), de construção de uma solidariedade transnacional, ou de desenvolvimento de uma identidade laboral europeia (Whittall *et al.*, 2007).

Neste livro, o impacto da Directiva 94/45/CE no sistema de relações laborais em Portugal é analisado sobretudo à luz das experiências dos seus protagonistas, os representantes portugueses em CEEs e os representantes de trabalhadores em sindicatos ou comissões de trabalhadores. O que se procurou analisar foi a natureza da participação portuguesa nestas instituições transnacionais, tendo em conta, principalmente, a apreensão dos objectivos dos CEEs pelos representantes portugueses, as vantagens e limitações associadas aos CEEs, no seu funcionamento como nos seus resultados práticos

---

[2] *Jornal Oficial das Comunidades Europeias*, nº L 254/64, de 30 de Setembro de 1994. A Directiva 94/45/CE pode ser integralmente consultada no Anexo 1.

INTRODUÇÃO 21

alcançados, e as oportunidades e dificuldades associadas à participação dos representantes portugueses.

Os antecedentes da Directiva

Embora o debate sobre a informação e consulta dos trabalhadores nas empresas multinacionais tenha despontado na década de setenta e se tenha prolongado nas décadas seguintes, apenas em 22 de Setembro de 1994 seria aprovada a Directiva 94/45/CE, Directiva que criou as condições para a instituição de CEEs ou para a criação de Procedimentos de Informação e Consulta (PICs) dos trabalhadores nas empresas ou grupos de empresas de dimensão comunitária.

A Directiva representou o primeiro mecanismo legal emitido no quadro do Protocolo de Política Social e em cumprimento do Acordo sobre Política Social subscritos em Maastricht (1992). Todavia, o processo de informação e consulta dos trabalhadores nos *fora* comunitários havia sido lançado cerca de duas décadas antes. A adopção da Directiva sucede a um longo, complexo e, muitas vezes, controverso processo, sendo a Directiva 94/45/CE considerada como uma versão fragilizada e reduzida das propostas até então apresentadas sobre informação e consulta dos trabalhadores (Leite *et al.*, 1996).[3]

De acordo com Danis e Hoffmann (1995: 181), desde 1973 que a Comissão Europeia propusera medidas para criar procedimentos regulatórios nas empresas multinacionais, incluindo uma propensão para a melhoria da transparência e das medidas sobre os direitos de informação dos trabalhadores. Essa pretensão não encontrou, porém, eco em termos práticos, como foi comprovado pelo insucesso da proposta de estatutos para uma "Empresa Europeia", que já previa um conselho de empresa com a concessão de certos direitos de informação, consulta e participação nas decisões das multinacionais sobre questões sociais. Os referidos estatutos foram, então, objecto de comentários críticos não só por parte das organizações de empregadores (que, de resto, a par do Reino Unido, conservaram sempre uma postura de oposição frontal), como, inclusive, por parte dos sindicatos europeus que discordavam, ainda que de forma mais moderada, da estrutura de supervisão em causa.

---

[3] Para uma análise mais exaustiva do significado geral da Directiva, bem como do conteúdo de muitos dos acordos subscritos, cf. o volume 1, nº 2, da revista *Transfer* (1995), editada pelo Instituto Sindical Europeu e o guia prático organizado por J. Leite *et al.* (1996).

Cerca de dez anos depois, em Outubro de 1980, a Comissão Europeia viria a lançar uma nova proposta relativa à informação e consulta dos trabalhadores nas empresas transnacionais, que ficou conhecida como a "Directiva Vredeling" (nome do então Comissário dos Assuntos Sociais, Henk Vredeling). O esboço da Directiva salientava que as decisões das empresas multinacionais produziam efeitos muitas vezes prejudiciais para os trabalhadores, ao passo que os direitos e as possibilidades de acção dos trabalhadores e dos seus representantes se encontravam em grande medida limitados à esfera local e sob a alçada das legislações nacionais. Daí que a primeira missão da Comissão apontasse no sentido de permitir aos trabalhadores a obtenção de informação das actividades das multinacionais além-fronteiras. Contrariamente às recomendações da Organização Internacional do Trabalho (OIT) e da Organização para a Cooperação e Desenvolvimento Económico (OCDE), que estabeleciam códigos de conduta para os grupos de empresas multinacionais sem carácter vinculativo, a "Directiva Vredeling" procurava obrigar as empresas envolvidas a informar e consultar os representantes dos trabalhadores de todos os estabelecimentos, ou seja, a tornar a informação e consulta transnacionais em direitos dos trabalhadores.

A proposta de Vredeling acabou por receber o apoio da Confederação Europeia de Sindicatos (CES), embora tenha sido confrontada com uma forte oposição por parte da União das Indústrias da Comunidade Europeia (UNICE), secundada pela postura igualmente adversa das multinacionais americanas, que consideravam a "Directiva Vredeling" como uma ameaça à competitividade das empresas.[4]

Entretanto, as palavras-chave da Directiva 94/45/CE – "informação" e "consulta" – apareciam já mencionadas noutras iniciativas.[5] São exemplo destas: a "Carta Comunitária dos Direitos Sociais Fundamentais dos Trabalhadores" (1989), nos termos da qual a informação, consulta e participação dos trabalhadores deviam ser desenvolvidas de acordo com regras adequadas e tendo presente as práticas em vigor nos Estados-membros (ponto 17); o

---

[4] Sobre as controvérsias em torno da "Directiva Vredeling" e sobre outros antecedentes da Directiva 94/45/CE, cf. Danis e Hoffmann (1995: 183-187), Knudsen (1995: 116-132), Danis (1996: 79-82), Rehfeldt (1993: 74-78), Reibsch (1998: 124-126) ou Fitzgerald (2004: 2-5).

[5] Para uma análise de recomendações, convenções, directrizes ou instrumentos normativos sobre informação e consulta dos trabalhadores emanados de organismos como a OIT e a OCDE ou ainda da UE, cf. Simões (1996: 10-12).

"Programa de Acção para Aplicação da Carta Comunitária", que vinha propor instrumentos normativos[6] destinados a "evitar" a diversidade e a pugnar pela generalização dos princípios de informação, consulta e participação dos trabalhadores; uma "Resolução" do Parlamento, de 15 de Fevereiro de 1990, na qual se recomendava a "criação de comités consultivos no âmbito das empresas multinacionais"[7]; e, como não poderia deixar de ser, o Acordo Social de Maastricht anexo ao Protocolo sobre Política Social (nº 1 do artigo 2º).

Refira-se ainda que, na base da Directiva 94/45/CE, esteve o projecto de Directiva sobre informação e consulta dos trabalhadores nas empresas de dimensão comunitária apresentado pela Comissão Europeia em 12 de Outubro de 1990.[8] Posteriormente, essa proposta seria modificada, em 20 de Setembro de 1991, com o intuito de incorporar sugestões do Parlamento Europeu e do Comité Económico e Social (CES-UE).[9]

Finalmente, a Directiva viria a encontrar um importante efeito impulsionador nos acordos de informação e consulta firmados nas multinacionais numa base voluntária, isto é, nos acordos celebrados antes de 22 de Setembro de 1996, data de obrigação legal para a negociação de acordos entre as partes (artigo 14º) (Krieger e Bonneton, 1995). W. Lecher *et al.* (1999: 8) sugerem, aliás, uma cronologia do processo de desenvolvimento dos CEEs onde são os acordos, voluntários e posteriormente obrigatórios, que servem de base de ordenamento. Três grandes períodos são, assim, distinguidos: um primeiro, que vai de meados de 1980 até à adopção da Directiva em Setembro 1994, e que se divide em dois tempos: 1) de meados ao final dos anos 80, altura em que foram negociados e estabelecidos os projectos-piloto; e 2) de 1990 a 1994, fase em que os acordos voluntários foram concluídos com o suporte material e institucional da UE. O segundo período estende-se de Setembro 1994 a Setembro 1996, com a adopção e transposição da Directiva e corresponde aos acordos de CEEs concluídos ao abrigo do artigo 13º da Directiva. Por último, o período que vai de Setembro 1996, fase final do estabelecimento obrigatório de CEEs, até à revisão prevista da Directiva, processo que apenas decorreu em 2008 através de consulta aos parceiros sociais. Voltaremos adiante, mais pormenorizadamente, à questão dos acordos de CEEs.

---

[6] De que uma síntese se pode encontrar em Gaspar e Fiolhais (1996: 57-58).
[7] *Jornal Oficial das Comunidades Europeias*, nº C 68, de 19 de Março de 1990.
[8] *Jornal Oficial das Comunidades Europeias*, nº C 39, de 15 de Fevereiro de 1991.
[9] *Jornal Oficial das Comunidades Europeias*, nº C 336, de 31 de Dezembro de 1991.

Os objectivos da Directiva

Esta breve alusão aos antecedentes da Directiva 94/45/CE torna patentes as reticências e obstáculos que envolveram a génese dos mecanismos legais de informação e consulta transnacionais dos trabalhadores abrangidos por esta directiva comunitária. A sua importância extravasa, pois, claramente o plano jurídico na medida em que comporta uma dimensão política e simbólica fundamental, medindo-se a sua importância igualmente pelo potencial, há muito almejado, de europeização do diálogo social (Paternotre, 1998). Potencial que se torna claro se se considerarem os objectivos da Directiva.

O objectivo principal da Directiva é o de "melhorar o direito à informação e consulta dos trabalhadores nas empresas ou grupos de empresas de dimensão comunitária" (nº 1 do art. 1º).[10] Este objectivo aplica-se a todas as empresas/grupos que, dentro do Espaço Económico Europeu (EEE) – Estados-membros da UE, Islândia, Noruega e Liechtenstein – empreguem pelo menos 1.000 trabalhadores e que em pelo menos dois Estados-membros diferentes empreguem um mínimo de 150 trabalhadores em cada um deles. Além disso, as multinacionais com sede fora do EEE encontram-se igualmente abrangidas pela Directiva desde que possuam filiais nos Estados-membros do EEE.[11] Apesar do crescente número de multinacionais que constituíram CEEs, segundo P. Kerckhofs (2006: 47), sendo em média criados 30 a 40 novos CEEs por ano, tal significa que serão necessários cerca de 35 anos para ver um CEE instalado em todas as multinacionais actualmente abrangidas pela Directiva.

As oportunidades oferecidas pela Directiva englobam uma política de concessão de direitos de informação – sobre "questões transnacionais susceptíveis de afectar consideravelmente os interesses dos trabalhadores" (art.

---

[10] A "empresa de dimensão comunitária" é aquela que emprega mil ou mais trabalhadores nos Estados-membros e que em pelo menos dois Estados-membros diferentes emprega um mínimo de cento e cinquenta trabalhadores em cada um deles [art. 2º, nº 1. al. a)]. Por sua vez, o "grupo de empresas de dimensão comunitária" é aquele que emprega pelo menos mil trabalhadores nos Estados-membros, que possui, no mínimo, duas empresas membros do grupo em Estados-membros diferentes, sendo que cada uma dessas duas empresas deve empregar, no mínimo, cento e cinquenta trabalhadores [art. 2º, nº 1., al. c)].

[11] Assinale-se que, por auto-exclusão, não existia obrigação legal para a constituição de CEEs no Reino Unido. Esta situação foi alterada a 15 de Dezembro de 1997, com a extensão da Directiva 94/45/CE a esse país (Directiva 97/74/CE). Assim sendo, encontram-se abrangidos todos os Estados-membros do EEE.

6º, nº 3) – e consulta – "a troca de opiniões e o estabelecimento de um diálogo entre os representantes dos trabalhadores e a direcção central ou qualquer outro nível de direcção mais apropriado" [art. 2º, nº 1, al. f)] –, sendo que a consulta pressupõe mais do que o simples intercâmbio de opiniões ou pontos de vista e mais do que a aquisição de informações sobre decisões que já foram tomadas *de cima para baixo*. Isto significa que a Directiva admite a possibilidade dos trabalhadores terem alguma influência nos processos de decisão das administrações. Possibilidade que W. Buschak (1995: 134-135) considera representar um passo decisivo no sentido da "democracia industrial" e que, como veremos adiante, deve ser analisada sobretudo mediante o cumprimento dos princípios basilares da Directiva: a informação e a consulta.

Os CEEs traduzem a opção por um modelo de inovação e mudança assente no diálogo social (Buschak, 1996: 3). Segundo a própria Directiva é num "espírito de colaboração" que devem decorrer as negociações entre a direcção central da empresa e o Grupo Especial de Negociação (GEN) para a elaboração do acordo com base no qual irá funcionar o CEE, assim como, posteriormente, os contactos entre a direcção central e os representantes dos trabalhadores do CEE (art. 9º).

Este "espírito de colaboração" pode, pois, ser entendido como uma "expressão de vontade política e não de obrigação juridicamente coercível" (Simões, 1996: 22), embora se deva referir que os "Estados-membros tomarão as medidas adequadas em caso de não cumprimento do disposto na presente Directiva, assegurando, nomeadamente, a existência de processos administrativos ou judiciais que permitam obter a execução das obrigações decorrentes da presente Directiva" (art. 11º, nº 3). Convém referir, aliás, que o artigo 7º da Directiva ("disposições supletivas") prevê um conjunto de prescrições subsidiárias de aplicação automática sobre a instituição e funcionamento de um CEE sempre que as negociações entre o GEN e a direcção central não forem bem sucedidas. Nesse artigo 7º podem consultar-se, em pormenor, as situações que justificam o recurso às referidas disposições supletivas (anexo da Directiva), ao passo que no ponto 2 se encontram as questões sobre as quais poderá incidir a informação e consulta: a estrutura da empresa; a situação económica e financeira; a evolução provável das actividades, produção e vendas; a situação e evolução provável do emprego; os investimentos; as alterações de fundo relativas à organização; a introdução de novos métodos de trabalho ou de novos processos de produção; as transferências de produção; as fusões, a redução da dimensão ou encerramento de empresas, de estabelecimentos ou de partes importantes de estabelecimentos; os despedimentos colectivos.

Por outro lado, os CEEs têm o direito de ser informados de circunstâncias excepcionais "que afectem consideravelmente os interesses dos trabalhadores, nomeadamente em caso de transferência de local de trabalho, de encerramento de empresas ou estabelecimentos ou de despedimentos colectivos" (ponto 3 do anexo da Directiva), o que, na prática, significa que as administrações das empresas têm de explicar e justificar decisões que de outro modo não justificariam (Martin e Ross, 2000: 137).

Para além da informação e consulta transnacionais dos trabalhadores, na óptica de P. Marginson (1999: 265), perante a crescente integração internacional da produção, os CEEs possuem o potencial para organizar e coordenar representantes de trabalhadores em diferentes países em torno de posições convergentes, acompanhando, reestruturando, racionalizando e eventualmente forjando posições comuns de negociação. É, uma vez mais, a criação de redes transnacionais de comunicação e de solidariedade entre trabalhadores que assume destaque. A análise do impacto da Directiva em Portugal permitiu atender não apenas à forma como são perspectivados os CEEs pelos representantes dos trabalhadores portugueses, mas igualmente ao modo como está decorrer a sua integração nessas redes transnacionais de trabalhadores e quais os objectivos pelos quais pautam a sua participação.

Na sua estrutura formal, este livro está organizado em cinco capítulos. A partir da base de dados editada em 2006 pelo Instituto Sindical Europeu, a *European Works Councils Database*, no *primeiro capítulo* avalia-se quantitativamente a aplicação da Directiva a nível internacional e, em particular, em Portugal.

A expressão numérica de CEEs é reveladora de que há ainda um longo caminho a percorrer para que a totalidade das multinacionais efectivamente abrangidas pela Directiva possa ser contemplada. Em Portugal, diríamos mesmo que a caminhada ainda mal se iniciou. De facto, tendo em conta o reduzido número de multinacionais abrangidas pela Directiva – sete multinacionais –, não deixa de ser surpreendente que apenas uma, o Grupo Banco Espírito Santo, tenha constituído um CEE. É da ausência de CEEs nas multinacionais com sede em Portugal que se ocupará o *segundo capítulo*. Ainda nesse capítulo, analisa-se em detalhe a experiência do Grupo Banco Espírito Santo, procurando compreender as condições que ditaram o surgimento do CEE, o dinamismo que este tem vindo a adquirir e os resultados que logrou alcançar.

No *terceiro capítulo* procede-se a uma análise do conteúdo dos acordos de CEEs e, em particular, de CEEs nos quais participam representantes dos trabalhadores portugueses. A forma como se encontram organizados formalmente os CEEs afigura-se essencial para compreender a prática dos CEEs, principalmente quando estes limitam a participação dos representantes e o alcance dos CEEs.

A análise do conteúdo dos acordos ficaria, porém, incompleta se não se conjugasse com a análise da *vida* dos CEEs. É preciso, pois, atentar nos constrangimentos e nas oportunidades que se colocam aos CEEs e à participação dos representantes portugueses. Ou seja, analisar as experiências dos representantes portugueses enquanto testemunhas privilegiadas do funcionamento destas *instituições europeias* e do cumprimento dos objectivos que lhes estão associados. O *quarto capítulo* trata, assim, da experiência dos representantes portugueses, objectivo que passa, ainda, por um conhecimento prévio do perfil desses representantes. De facto, do desenho desse perfil emergiram algumas implicações que se revelaram fundamentais para compreender a participação dos representantes portugueses em sede dos CEEs.

Finalmente, no *quinto capítulo* avaliam-se as percepções das administrações locais das multinacionais relativamente aos CEEs. Sabendo que os *patrões* assumem, regra geral, uma atitude defensiva face aos CEEs, a ideia foi confrontá-los com questões relativas ao processo de constituição dos CEEs, à sua composição, ao grau de envolvimento das administrações locais na selecção dos representantes, à sua participação nas actividades dos CEEs, ao papel e impactos dos CEEs na vida das empresas.

CAPÍTULO 1

OS CONSELHOS DE EMPRESA EUROPEUS EM NÚMEROS

O Instituto Sindical Europeu (*European Trade Union Institute for Research, Education and Health and Safety*, ETUI-REHS) criou, em 1995, uma base de dados com o propósito de avaliar a evolução da aplicação da Directiva nas multinacionais por esta abrangidas. A base de dados resulta da colaboração de mais de vinte Institutos de Investigação e Federações Sindicais Europeias e contém, para além de um número significativo de textos de acordos de Conselhos de Empresa Europeus, diversas informações sobre as multinacionais: o nome das multinacionais, o país de origem, os sectores de actividade, os países de operações, o envolvimento em reestruturações, fusões e aquisições, o estatuto perante a Directiva, o estatuto dos acordos na base dos quais foram constituídos os respectivos CEEs, etc.

O presente capítulo procede a uma análise geral da base de dados de 2006, elaborada sob a coordenação de P. Kerckhofs e I. Pas (2006), centrando-se exclusivamente nas multinacionais abrangidas pela Directiva.

1. Multinacionais abrangidas pela Directiva 94/45/CE

A base de dados de 2006 recenseia 2.204 multinacionais abrangidas pela Directiva 94/45/CE, ou seja, multinacionais que estão em condições de instituir Conselhos de Empresa Europeus (CEEs) ou Procedimentos de Informação e Consulta (PIC). Número que não representa uma evolução significativa face ao último levantamento, já que a base de dados de 2004 recenseava 2.169 multinacionais abrangidas.

Mais significativo, de facto, foi o aumento verificado entre 2002 e 2004: de 1.865 para 2.169 multinacionais abrangidas pela Directiva. No topo dos factores explicativos para esse aumento esteve o alargamento da União Europeia (UE), em 2004, a mais dez países.[12] Os efeitos do alargamento da UE fizeram-se sentir sobretudo nas multinacionais cuja sede se encontrava nos Estados-membros que pertenciam já à UE, mas que detinham operações nos países agora abrangidos, na medida em que são relativamente escassas as

---

[12] Chipre, Eslováquia, Eslovénia, Estónia, Hungria, Letónia, Lituânia, Malta, Polónia e República Checa.

multinacionais cuja sede se encontra nos mais recentes Estados-membros[13] que cumprem os requisitos exigidos para a aplicação da Directiva.

Relativamente a Portugal, impõe-se um esclarecimento. A base de dados do ETUI-REHS identifica nove multinacionais com sede em Portugal abrangidas pela Directiva. Tal não corresponde, porém, à realidade. De facto, a Companhia Ibérica de Distribuição e o Pão-de-Açúcar aparecem erradamente como multinacionais com sede em Portugal abrangidas pela Directiva, mas pertencem, desde 1996, ao grupo francês Auchan. São, deste modo, sete as multinacionais com sede em Portugal abrangidas pela Directiva. Os dados que se apresentam de seguida consideram esta correcção, ou seja, um total de 2.202 multinacionais abrangidas.

1.1. Países da sede das multinacionais

Na UE-27, a Alemanha destaca-se pelo número de multinacionais abrangidas pela Directiva (450). O Reino Unido e a França formam um segundo grupo com, respectivamente, 265 e 210 multinacionais. A Holanda e a Suécia formam um terceiro grupo com, respectivamente, 133 e 120 multinacionais abrangidas (Quadro 1). Das oito multinacionais portuguesas recenseadas pela base de dados, sete encontram-se abrangidas pela Directiva e uma, a Portugal Telecom, continua a não ser abrangida porque apesar de possuir milhares de trabalhadores não se encontram 150 deles em pelo menos dois Estados do EEE.

Para os países da EFTA, a Suíça destaca-se claramente com 104 multinacionais abrangidas. No Resto do Mundo, são os Estados-Unidos da América (EUA) (344), principalmente, e o Japão (56), que ocupam as posições de destaque (Quadro 1).

---

[13] Em 2007, a Bulgária e a Roménia passaram igualmente a integrar a UE, agora, dos 27.

QUADRO 1. Estatuto das multinacionais em relação à Directiva, por países da sede das multinacionais

	Países	Multinacionais	Abrangidas pela Directiva	Não abrangidas pela Directiva	Quase abrangidas pela Directiva
UE-27	Alemanha	607	450	152	5
	Áustria	83	46	31	6
	Bélgica	114	72	39	3
	Bulgária	2	0	2	0
	Chipre	1	0	1	0
	Dinamarca	95	60	32	3
	Eslováquia	0	0	0	0
	Eslovénia	4	0	3	1
	Espanha	55	41	12	2
	Estónia	2	0	2	0
	Finlândia	86	64	22	0
	França	283	210	69	4
	Grécia	11	5	4	2
	Holanda*	172	133	38	1
	Hungria	18	12	6	0
	Irlanda	50	43	7	0
	Itália	103	66	37	0
	Letónia	—	—	—	—
	Lituânia	0	0	0	0
	Luxemburgo	6	3	3	0
	Malta	5	0	5	0
	Polónia	19	11	8	0
	Portugal	**8**	**7**	**1****	**0**
	Reino Unido	872	265	602	5
	República Checa	11	8	3	0
	Roménia	—	—	—	—
	Suécia	149	120	29	0
EFTA	Islândia	1	1	0	0
	Liechtenstein	3	2	1	0
	Noruega	32	22	10	0
	Suíça	126	104	22	0
Resto do Mundo	África do Sul	6	6	0	0
	Arábia Saúdita	1	0	1	0
	Austrália	11	8	3	0
	Bahrain	2	1	1	0
	Bermuda	2	0	2	0
	Canadá	24	16	8	0
	Cidade do Vaticano	1	0	1	0
	Coreia do Sul	9	6	3	0
	Croácia	1	1	0	0
	Estados Unidos	501	344	151	6
	Japão***	73	56	17	0
	Hong-Kong	7	4	3	0
	Índia	2	2	0	0
	Israel	3	1	1	1
	Kowait	1	1	0	0
	Malásia	2	1	1	0
	México	1	1	0	0
	Mónaco	1	0	1	0
	Nova Zelândia	1	1	0	0
	Rússia	5	4	1	0
	Singapura	5	2	3	0
	Taiwan	2	1	1	0
	Turquia	5	1	4	0
Em branco		1	0	1	0

Fonte: *European Works Councils Database*, 2006

No Resto do Mundo e na EFTA, apenas os Estados Unidos e Israel possuem, respectivamente, seis e uma multinacionais quase abrangidas pela Directiva.
* A bases de dados é omissa relativamente ao estatuto perante a Directiva do grupo holandês *LNM* (sector metalúrgico).
** *Portugal Telecom*.
*** A bases de dados é omissa relativamente ao estatuto perante a Directiva do grupo japonês *Fujisawa* (sector químico).

1.2. Sectores de actividade

Olhando agora para os sectores de actividade (Gráfico 1)[14], o sector Metalúrgico detém o número mais expressivo de multinacionais abrangidas (668) e de multinacionais não abrangidas (276) pela Directiva. O sector Químico ocupa a segunda posição, com 408 multinacionais abrangidas e 148 não abrangidas. Enquanto que a Indústria alimentar; Hotelaria & Agricultura ocupa a terceira posição em termos de multinacionais abrangidas, do lado oposto são os Serviços indiscriminados que assumem essa posição.

GRÁFICO 1. Multinacionais abrangidas e não abrangidas pela Directiva, por sectores de actividade (*ranking* sectorial)

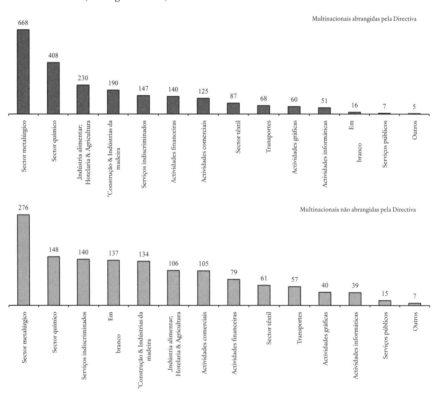

Fonte: *European Works Councils Database*, 2006

---

[14] No que diz respeito aos sectores de actividade mantemos a classificação utilizada na base de dados: *Building & Woodwork* (Bw): Construção & Indústrias da madeira; *Chemicals*

2. Multinacionais e Conselhos de Empresa Europeus

O primeiro acordo formal para a constituição de um mecanismo de informação e consulta transnacionais dos trabalhadores foi assinado a 7 de Outubro de 1985 entre a multinacional francesa *Thomson* e a Federação Europeia dos Metalúrgicos (FEM). Porém, ainda em meados dos anos 80, outras experiências voluntárias foram postas em prática na base de acordos informais ou voluntários, assumindo particular destaque grandes grupos como a *Saint-Gobain*, a *Bull*, a *Allianz* e a *Danone* (ex-*BSN*) (Kerckhofs, 2006: 8).

Em Setembro de 1994, quando a Directiva foi adoptada pelo Conselho Europeu, 46 multinacionais tinham já estabelecido 49 mecanismos de informação e consulta. Em 1996, data limite para a transposição da Directiva para os ordenamentos jurídicos nacionais e marco histórico da constituição de CEEs, contabilizavam-se já 323 multinacionais com CEEs (Kerckhofs, 2006). Em 2006, das 2.204 multinacionais abrangidas pela Directiva, 772 multinacionais tinham constituído mais de 780 CEEs com base em mais de 1.000 acordos (Quadro 2).

QUADRO 2. Multinacionais abrangidas pela Directiva em relação à constituição de CEEs

	Multinacionais abrangidas pela Directiva	Com CEEs	Sem CEEs	Que iniciaram negociações	Que perderam CEEs (reestruturações)
N	2.204	772	1.387	13	32
%	100%	35%	63%	1%	1%

Fonte: *European Works Councils Database*, 2006

O que se destaca relativamente à aplicação da Directiva é, primeiro, a elevada percentagem de empresas que não constituíram CEEs perante o número de multinacionais abrangidas (a taxa de concretização da aplicação da Directiva) e, segundo, o número de multinacionais que perderam CEEs por via de reestruturações ou outras situações, perante o reduzido número

———————

(Ch): Sector químico; *Food; Hotel; Catering & Agriculture* (Fh): Indústria alimentar; Hotelaria & Agricultura; *Metal* (Me): Sector metalúrgico; *Services commerce* (Sc): Actividades comerciais; *Services finance* (Sf): Actividades financeiras; *Graphical* (Sg): Actividades gráficas; *Services IBITS* (Si): Actividades informáticas; *Other services* (So): Serviços indiscriminados; *Public services* (Sp): Serviços públicos; *Textile* (Te): Sector têxtil; *Transport* (Tr): Transportes; *Other* (X): Outros.

de multinacionais que, estando abrangidas pela Directiva, iniciaram negociações para a instauração de um dos mecanismos de informação e consulta transnacionais.

2.1. Países da sede das multinacionais

Atendendo à constituição de CEEs por países de sede das multinacionais abrangidas pela Directiva, o que se verifica é que a taxa de concretização da aplicação da Directiva é quase sempre negativa, ou seja, o número de multinacionais que não constituíram CEEs é mais elevado do que o número daquelas que o fizeram. As únicas excepções são aqui a Noruega, o Luxemburgo e a Bélgica. Os países da UE-27 com maior número de multinacionais abrangidas pela Directiva – a Alemanha, o Reino Unido e a França – apresentam uma taxa de concretização inferior a 50%. Idêntica situação se verifica para os países da EFTA e do Resto do Mundo com maior número de multinacionais abrangidas: Suíça, EUA e Japão (Quadro 3). Das 7 multinacionais com sede em Portugal, apenas uma instituiu um CEE: o Grupo Banco Espírito Santo.

QUADRO 3. Multinacionais abrangidas pela Directiva em relação à constituição de CEEs, por países da sede das multinacionais

	Países	Multinacionais abrangidas pela Directiva	Com CEEs		Sem CEEs		Que iniciaram negociações		Que perderam CEEs	
			N	%	N	%	N	%	N	%
UE-27	Alemanha	450	123	27%	318	71%	2	0%	7	2%
	Áustria	46	17	37%	27	59%	0	0%	2	4%
	Bélgica	72	39	54%	32	44%	1	1%	0	0%
	Dinamarca	60	24	40%	36	60%	0	0%	0	0%
	Espanha	41	6	15%	35	85%	0	0%	0	0%
	Finlândia	64	28	44%	32	50%	2	3%	2	3%
	França	210	79	38%	125	60%	2	1%	4	2%
	Grécia	5	1	20%	4	80%	0	0%	0	0%
	Holanda	133	51	38%	78	59%	1	1%	3	2%
	Hungria	12	1	8%	11	92%	0	0%	0	0%
	Irlanda	43	6	14%	37	86%	0	0%	0	0%
	Itália	66	25	38%	39	59%	0	0%	2	3%
	Luxemburgo	3	2	67%	1	33%	0	0%	0	0%
	Polónia	11	0	0%	11	100%	0	0%	0	0%
	Portugal	**7**	**1**	**14%**	**6**	**86%**	**0**	**0%**	**0**	**0%**
	Reino Unido	265	109	41%	151	57%	1	0%	4	2%
	República Checa	8	0	0%	7	88%	1	13%	0	0%
	Suécia	120	57	48%	61	51%	0	0%	2	2%

	Países	Multinacionais abrangidas pela Directiva	Com CEEs		Sem CEEs		Que iniciaram negociações		Que perderam CEEs	
			N	%	N	%	N	%	N	%
EFTA	Islândia	1	0	0%	1	100%	0	0%	0	0%
	Liechtenstein	2	0	0%	2	100%	0	0%	0	0%
	Noruega	22	14	64%	8	36%	0	0%	0	0%
	Suíça	104	37	36%	66	63%	0	0%	1	1%
Resto do Mundo	África do Sul	6	2	33%	4	67%	0	0%	0	0%
	Austrália	8	3	38%	4	50%	1	13%	0	0%
	Bahrain	1	0	0%	1	100%	0	0%	0	0%
	Canadá	16	4	25%	12	75%	0	0%	0	0%
	Coreia do Sul	6	1	17%	5	83%	0	0%	0	0%
	Croácia	1	0	0%	1	100%	0	0%	0	0%
	Estados Unidos	344	120	35%	217	63%	2	1%	5	1%
	Hong-Kong	4	0	0%	4	100%	0	0%	0	0%
	Índia	2	0	0%	2	100%	0	0%	0	0%
	Israel	1	0	0%	1	100%	0	0%	0	0%
	Japão	56	21	38%	35	63%	0	0%	0	0%
	Kowait	1	0	0%	1	100%	0	0%	0	0%
	Malásia	1	0	0%	1	100%	0	0%	0	0%
	México	1	0	0%	1	100%	0	0%	0	0%
	Nova Zelândia	1	0	0%	1	100%	0	0%	0	0%
	Rússia	4	0	0%	4	100%	0	0%	0	0%
	Singapura	2	1	50%	1	50%	0	0%	0	0%
	Taiwan	1	0	0%	1	100%	0	0%	0	0%
	Turquia	1	0	0%	1	100%	0	0%	0	0%

Fonte: *European Works Councils Database*, 2006

2.2. Sectores de actividade

À imagem do que acontece em relação aos países da sede das multinacionais, nos sectores de actividade o número de multinacionais que não constituíram CEEs é superior àquelas que o fizeram (Quadro 4). Os sectores com maior número de CEEs constituídos são o sector Metalúrgico; o sector Químico; da Indústria alimentar, Hotelaria & Agricultura; da Construção e Indústrias da madeira; e o das Actividades financeiras (Gráfico 2).

QUADRO 4. Multinacionais abrangidas pela Directiva em relação à constituição de CEEs, por sectores de actividade agrupados

Sectores de actividade	Multinacionais com CEEs		Multinacionais sem CEEs	
	N	%	N	%
Construção & Indústrias da madeira	74	40%	113	60%
Sector químico	169	42%	232	58%
Indústria alimentar; Hotelaria & Agricultura	92	40%	136	60%
Sector metalúrgico	264	40%	392	60%
Actividades comerciais*	18	15%	105	85%
Actividades financeiras	47	35%	89	65%
Actividades gráficas	24	40%	36	60%
Actividades informáticas	8	17%	39	83%
Serviços indiscriminados	26	18%	118	82%
Serviços públicos	0	0%	7	100%
Sector têxtil	23	27%	61	73%
Transportes	20	31%	45	69%
Outros	1	20%	4	80%
Em branco	6	43%	8	57%

Fonte: *European Works Councils Database*, 2004-2006

*Não inclui a Companhia Ibérica de Distribuição e o Pão-de-Açúcar nas multinacionais sem CEEs

GRÁFICO 2. Multinacionais com e sem CEEs, por sectores de actividade agrupados

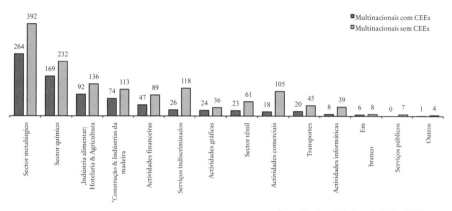

Fonte: *European Works Councils Database*, 2006

3. Multinacionais – Portugal

3.1. Multinacionais com sede em Portugal

As bases de dados de 2004 e 2006 dão conta de nove multinacionais com sede em Portugal. No entanto, como já foi referido, estas incluem o Pão-de-Açucar e a Companhia Ibérica de Distribuição que pertencem ao grupo francês Auchan, do sector da grande distribuição. Sendo assim, para 2004, devem ser consideradas apenas 7 multinacionais, enquanto que para 2006 se devem considerar 8 multinacionais (Figura 1).

Das 8 multinacionais com sede em Portugal recenseadas pela base de dados, 7 encontram-se abrangidas pela Directiva e apenas o Grupo Banco Espírito Santo (Grupo BES) começou por constituir, em Julho de 2003, um procedimento de informação e consulta dos trabalhadores, o qual, em Março de 2005, se converteu em CEE. No capítulo 2 trataremos pormenorizadamente do caso do CEE do Grupo BES, bem como dos obstáculos à criação de CEEs em multinacionais com sede em Portugal.

Tendo em conta estes números, que são reconhecidamente escassos, torna-se necessário olhar para as sucursais portuguesas das multinacionais com sede em países estrangeiros para ter uma visão mais aproximada das potencialidades de dinamização de um diálogo social transnacional envolvendo representantes de trabalhadores portugueses.

FIGURA 1. Lista das multinacionais com sede em Portugal, 2004-2006

		Nome da multinacional	Sectores de actividade	NACE
2006	2004	Grupo Amorim (Corticeira Amorim)	Construção & Indústrias da madeira	*Manufacture of wood & products of wood & cork, except furniture; Manufacture of articles of straw (20)*
		Sonae Indústria	Construção & Indústrias da madeira	*Manufacture of wood & products of wood & cork, except furniture; Manufacture of articles of straw (20)*
		Cimentos de Portugal (CIMPOR)	Sector químico	*Manufacture of other non-metallic mineral products (26)*
		Petrogal (Galp Energia)	Sector químico	*Extraction of crude petroleum & natural gas; Service activities incindental to oil & gas extraction (11)*
		Grupo Banco Espírito Santo	Actividades financeiras	*Financial intermediation, except insurance & pension funding (65)*
		Caixa General de Depósitos	Actividades financeiras	*Financial intermediation, except insurance & pension funding (65)*
		Portugal Telecom	Serviços indiscriminados	*Post & telecommunications (64)*
		Millennium BCP	Actividades financeiras	*Financial intermediation, except insurance & pension funding (65)*

Fonte: *European Works Councils Database*, 2004-2006

3.2. Multinacionais com operações em Portugal abrangidas pela Directiva 94/45/CE

A base de dados de 2006 dá conta de 737 multinacionais com operações em Portugal, 615 das quais se encontram abrangidas pela Directiva, ou seja, mais de 80%.

3.2.1. *Países da sede das multinacionais*

Relativamente às multinacionais com operações em Portugal, em 2006, na UE-27, a Alemanha (125), a França (103) e o Reino Unido (100) destacam-se claramente em número de multinacionais. A Espanha ocupa a quarta posição com 38 multinacionais. Nos países da EFTA, a Suíça (30) destaca-se, enquanto que no Resto do Mundo são os Estados-Unidos (134) e o Japão (20) que ocupam as posições de destaque (Quadro 5).

3.2.2. *Sectores de actividade*

Relativamente aos sectores de actividade das multinacionais com operações em Portugal, os sectores Metalúrgico e Químico formam um primeiro grupo concentrando, respectivamente, 28,8% e 18,9% das multinacionais a operar em Portugal. Os Serviços indiferenciados; a Indústria alimentar, Hotelaria & Agricultura; a Construção e Indústrias da madeira formam um segundo grupo com percentagens ligeiramente abaixo dos 10%. Finalmente, aparecem as Actividades financeiras; o sector Têxtil; e as Actividades comerciais com

QUADRO 5. Estatuto das multinacionais com operações em Portugal em relação à Directiva, por países da sede das multinacionais

Países da sede das multinacionais		Multinacionais	Abrangidas pela Directiva		Não abrangidas pela Directiva		Quase abrangidas pela Directiva	
			N	%	N	%	N	%
UE-27	Alemanha	125	105	84%	20	16%	0	0%
	Áustria	11	10	91%	1	9%	0	0%
	Bélgica	24	19	79%	5	21%	0	0%
	Dinamarca	21	17	81%	3	14%	1	5%
	Espanha	38	31	82%	5	13%	2	5%
	Finlândia	20	15	75%	5	25%	0	0%
	França	103	91	88%	11	11%	1	1%
	Grécia	1	1	100%	0	0%	0	0%
	Holanda	28	26	93%	2	7%	0	0%
	Irlanda	3	3	100%	0	0%	0	0%
	Itália	24	18	75%	6	25%	0	0%
	Luxemburgo	1	0	0%	1	100%	0	0%
	Malta	1	0	0%	1	100%	0	0%
	Polónia	1	1	100%	0	0%	0	0%
	Portugal	8	7	88%	1	13%	0	0%
	Reino Unido	100	78	78%	21	21%	1	1%
	Suécia	27	25	93%	2	7%	0	0%
EFTA	Liechtenstein	1	1	100%	0	0%	0	0%
	Noruega	4	2	50%	2	50%	0	0%
	Suíça	30	25	83%	5	17%	0	0%
Resto do Mundo	África do Sul	1	1	100%	0	0%	0	0%
	Austrália	3	2	67%	1	33%	0	0%
	Canadá	3	3	100%	0	0%	0	0%
	Coreia do Sul	2	2	100%	0	0%	0	0%
	Estados Unidos	134	110	82%	23	17%	1	1%
	Hong-Kong	1	1	100%	0	0%	0	0%
	Japão	20	19	95%	1	5%	0	0%
	Singapura	1	1	100%	0	0%	0	0%
	Taiwan	1	1	100%	0	0%	0	0%

Fonte: *European Works Councils Database*, 2006

percentagens de multinacionais com operações em Portugal na ordem dos 6% (Quadro 6 e Gráfico 3).

QUADRO 6. Multinacionais com operações em Portugal, por sectores de actividade agrupados

Sectores de actividade	N	%
Construção & Indústrias da madeira	58	7,9%
Sector químico	139	18,9%
Indústria alimentar; Hotelaria & Agricultura	63	8,5%
Sector metalúrgico	212	28,8%
Actividades comerciais	39	5,3%
Actividades financeiras	48	6,5%
Actividades gráficas	18	2,4%
Actividades informáticas	17	2,3%
Serviços indiscriminados	65	8,8%
Serviços públicos	6	0,8%
Sector têxtil	42	5,7%
Transportes	22	3%
Em branco	8	1,1%

Fonte: *European Works Councils Database*, 2006

GRÁFICO 3. Multinacionais com operações em Portugal, por sectores de actividade agrupados (*ranking* sectorial)

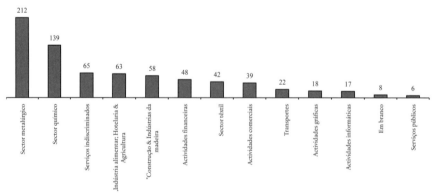

Fonte: *European Works Councils Database*, 2006

3.3. Multinacionais com operações em Portugal e Conselhos de Empresa Europeus

Recapitulando, a base de dados de 2006 dá conta de 737 multinacionais com operações em Portugal, 615 das quais se encontram abrangidas pela Directiva, ou seja, mais de 80%. Destas 615 multinacionais cerca de metade constituíram CEEs (335 ou 54,5%). Entre 2004 e 2006, o número de multinacionais com operações em Portugal e com CEEs constituídos aumentou significativamente (de 278 para 335), porém, o número de multinacionais que perderam CEEs por via de reestruturações aumentou igualmente (de 10 para 14) (Quadros 7 e 8).

QUADRO 7. Estatuto das multinacionais com operações em Portugal em relação à Directiva

Multinacionais com operações em Portugal	Abrangidas pela Directiva		Não abrangidas pela Directiva		Quase abrangidas pela Directiva	
	N	%	N	%	N	%
737	615	83,4%	116	15,7%	6	0,8%

Fonte: *European Works Councils Database*, 2006

QUADRO 8. Multinacionais com operações em Portugal em relação à constituição de CEEs

Multinacionais abrangidas pela Directiva	Com CEEs		Sem CEEs		Que iniciaram negociações		Que perderam CEEs	
N	N	%	N	%	N	%	N	%
615	335	54,5%	261	42,4%	5	0,8%	14	2,3%

Fonte: *European Works Councils Database*, 2006

3.3.1. *Países da sede das multinacionais*

Os países com maior número de multinacionais a operar em Portugal são igualmente aqueles que detêm o maior número de multinacionais abrangidas pela Directiva: a Alemanha, a França e Reino Unido, para a UE-27, a Suíça, para a EFTA, e os Estados-Unidos e o Japão, para o Resto do Mundo. Nestes países, à excepção da Suíça que apresenta uma correlação positiva e o Japão uma correlação negativa, a percentagem de multinacionais com

42 AS VOZES DO TRABALHO NAS MULTINACIONAIS

CEEs é relativamente idêntica à percentagem de multinacionais sem CEEs (Quadro 9).

QUADRO 9. Multinacionais com operações em Portugal em relação à constituição de CEEs, por países da sede das multinacionais

Países da sede das multinacionais		Multinacionais	Abrangidas pela Directiva	Abrangidas pela Directiva							
				Com CEEs		Sem CEEs		Que iniciaram negociações		Que perderam CEEs	
		N	N	N	%	N	%	N	%	N	%
UE-27	Alemanha	125	105 84%	54	51%	48	46%	0	0%	3	3%
	Áustria	11	10 91%	4	40%	6	60%	0	0%	0	0%
	Bélgica	24	19 79%	10	53%	8	42%	1	5%	0	0%
	Dinamarca	21	17 81%	9	53%	8	47%	0	0%	0	0%
	Espanha	38	31 82%	6	19%	25	81%	0	0%	0	0%
	Finlândia	20	15 75%	8	53%	6	40%	0	0%	1	7%
	França	103	91 88%	53	58%	34	37%	1	1%	3	3%
	Grécia	1	1 100%	0	0%	1	100%	0	0%	0	0%
	Holanda	28	26 93%	17	65%	9	35%	0	0%	0	0%
	Irlanda	3	3 100%	2	67%	1	33%	0	0%	0	0%
	Itália	24	18 75%	12	67%	5	28%	0	0%	1	6%
	Luxemburgo	1	0 0%	0	Ð	0	Ð	0	Ð	0	Ð
	Malta	1	0 0%	0	Ð	0	Ð	0	Ð	0	Ð
	Polónia	1	1 100%	0	0%	1	100%	0	0%	0	0%
	Portugal	**8**	**7 88%**	**1**	**14%**	**6**	**86%**	**0**	**0%**	**0**	**0%**
	Reino Unido	100	78 78%	44	56%	30	38%	1	1%	3	4%
	Suécia	27	25 93%	16	64%	9	36%	0	0%	0	0%
EFTA	Liechtenstein	1	1 100%	0	0%	1	100%	0	0%	0	0%
	Noruega	4	2 50%	2	100%	0	0%	0	0%	0	0%
	Suíça	30	25 83%	20	80%	4	16%	0	0%	1	4%
Resto do Mundo	África do Sul	1	1 100%	0	0%	1	100%	0	0%	0	0%
	Austrália	3	2 67%	1	50%	0	0%	1	50%	0	0%
	Canadá	3	3 100%	2	67%	1	33%	0	0%	0	0%
	Coreia do Sul	2	2 100%	1	50%	1	50%	0	0%	0	0%
	Estados Unidos	134	110 82%	63	57%	44	40%	1	1%	2	2%
	Hong Kong	1	1 100%	0	0%	1	100%	0	0%	0	0%
	Japão	20	19 95%	9	47%	10	53%	0	0%	0	0%
	Singapura	1	1 100%	1	100%	0	0%	0	0%	0	0%
	Taiwan	1	1 100%	0	0%	1	100%	0	0%	0	0%

Fonte: *European Works Councils Database*, 2006

3.3.2. *Sectores de actividade*

Independentemente do sector de actividade em que se inserem, as multinacionais abrangidas pela Directiva são sempre em número superior às não abrangidas. Os sectores Metalúrgico; Químico; e da Indústria alimentar, Hotelaria & Agricultura ocupam as posições de destaque no que diz respeito às multinacionais abrangidas pela Directiva (Quadro 10).

QUADRO 10. Multinacionais com operações em Portugal, com e sem CEEs, por sectores de actividade agrupados

Sectores de actividade	Multinacionais com CEEs		Multinacionais sem CEEs	
	N	%	N	%
Construção & Indústrias da madeira	20	42%	28	58%
Sector químico	77	71%	32	29%
Indústria alimentar; Hotelaria & Agricultura	35	67%	17	33%
Sector metalúrgico	115	64%	64	36%
Actividades comerciais	7	23%	24	77%
Actividades financeiras	27	66%	14	34%
Actividades gráficas	11	79%	3	21%
Actividades informáticas	2	14%	12	86%
Serviços indiscriminados	18	38%	29	62%
Serviços públicos	0	0%	5	100%
Sector têxtil	11	31%	24	69%
Transportes	11	61%	7	39%
Em branco	1	33%	2	67%

Fonte: *European Works Councils Database*, 2006

Os sectores Metalúrgico; Químico; a Indústria alimentar, Hotelaria & Agricultura; as Actividades financeiras; os Transportes; e as Actividades gráficas são os únicos sectores nos quais o número de multinacionais com

CEEs constituídos é superior ao número de multinacionais sem CEEs. Nos restantes sectores a relação inverte-se (Gráfico 4).

GRÁFICO 4. Multinacionais com operações em Portugal, com e sem CEEs, por sectores de actividade agrupados (ranking sectorial)

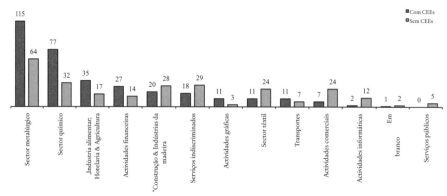

Fonte: *European Works Councils Database*, 2006

A breve síntese quantitativa do processo de constituição de CEEs revela que, apesar da tendência de aumento registada ao longo dos últimos anos, a taxa de aplicação da Directiva não ultrapassa os 35% (cf. Quadro 3). Por sua vez, no caso português, a expressão percentual de CEEs constituídos é consideravelmente baixa: 14% (cf. Quadro 3). Importa, pois, questionar os motivos de não constituição de CEEs em multinacionais com sede em Portugal. Mas, por outro lado, é curial olhar atentamente para as experiências – neste caso para a experiência – de CEEs em multinacionais portuguesas. Disso nos ocuparemos no segundo capítulo.

CAPÍTULO 2

MULTINACIONAIS COM SEDE EM PORTUGAL
E CONSELHOS DE EMPRESA EUROPEUS

O objectivo deste capítulo é o de analisar o impacto da Directiva 94/45/CE nas multinacionais com sede em Portugal, tendo sobretudo em consideração os principais factores que têm limitado a constituição de CEEs no nosso país.[15] Em contraponto, será abordado o caso do CEE do Grupo Banco Espírito Santo (BES), salientando-se, em particular, as condições de que este beneficiou para a sua constituição, as condições que têm garantido o seu adequado funcionamento, e os principais resultados alcançados.

Recordando os dados apurados no capítulo 1, das sete multinacionais portuguesas em condições de constituir um CEE, apenas o Grupo BES o fez. As seis multinacionais que não estabeleceram qualquer CEE pertencem aos seguintes sectores de actividade: Indústrias da madeira e da cortiça, excepto mobiliário (Corticeira Amorim e Sonae Indústria); Actividades de serviços financeiros, excepto seguros e fundos de pensões (Caixa Geral de Depósitos e Millennium BCP); Extracção de petróleo bruto e de gás natural, actividades de apoio à extracção de petróleo e de gás natural (Galp Energia/Petrogal); e Fabricação de produtos minerais não metálicos (Cimentos de Portugal).

1. Principais obstáculos à constituição de Conselhos de Empresa Europeus em multinacionais com sede em Portugal

A partir de entrevistas com membros das comissões de trabalhadores (CTs) e das organizações sindicais das multinacionais em questão, foi possível identificar alguns dos principais obstáculos à constituição de CEEs em multinacionais com sede em Portugal.[16] Realçamos, desde já, por um lado,

---

[15] Convirá ter presente que o relativo atraso da transposição da Directiva para o ordenamento jurídico português – através da Lei 40/99, de 9 de Junho de 1999, posteriormente transposta para o Código do Trabalho, artigos 471º a 474º, e para a Lei 35/2004 (artigos 365º a 395º) – e o facto do tecido produtivo português ser composto essencialmente por pequenas e médias empresas fizeram supor, desde logo, a existência de um conjunto de obstáculos à constituição de CEEs e, portanto, à participação laboral portuguesa em CEEs (Costa e Araújo, 2007c).

[16] As entrevistas foram conduzidas entre Setembro e Dezembro de 2006 com representantes dos trabalhadores de cinco das seis multinacionais que não constituíram

que esses obstáculos não se aplicam igualmente a todas as multinacionais consideradas e que, por outro, não devem perspectivar-se isoladamente, uma vez que é da sua conjugação que resulta a reduzida expressão numérica de CEEs em multinacionais com sede em Portugal.

Três tipos de obstáculos adquirem particular ênfase no discurso dos representantes dos trabalhadores das multinacionais portuguesas sem CEEs:

1) os obstáculos suscitados pelo contexto socioeconómico;
2) os obstáculos associados às características do sistema de relações laborais português e às relações entre os principais actores das organizações de representação dos trabalhadores (ORTs) nacionais (CTs e sindicatos); e
3) os obstáculos que resultam das representações sobre os CEEs (Figura 2).

FIGURA 2. Principais obstáculos à constituição de CEES em multinacionais com sede em Portugal

Contexto socioeconómico	Características do sistema de relações laborais português e relações entre os principais actores das ORTs	Representações sobre os CEEs
. Prioridades nacionais secundarizam a constituição de CEEs	. Informação e consulta são garantidas pela legislação que regula a acção das CTs e a liberdade sindical	. Difícil apreensão do papel, do sentido prático e da eficácia dos CEEs
. Processos de privatização	. Proximidade à sede desvaloriza as competências dos CEEs: acesso à informação e aos processos de decisão	. Morosidade do processo de constituição de CEEs
	. Conflitos entre as principais organizações locais de representação dos trabalhadores: CTs e sindicatos	. Défice de acções de formação dedicadas ao tema dos CEEs
	. Indisponibilidade para acumular funções de representação	. Reduzido número de experiências e de partilha de experiências a nível nacional
		. Défice de informação sobre CEEs

1.1. Contexto socioeconómico

Apesar dos representantes portugueses não terem feito alusão a esse facto, sendo maioritariamente constituído por pequenas e médias empresas, o tecido produtivo português não funciona, à partida, como *pooling-effect* para

---

CEEs. Foram ainda conduzidas entrevistas com os responsáveis pelos CEEs das duas principais confederações portuguesas, CGTP e UGT.

a constituição de CEEs. Do contexto socioeconómico, os representantes realçaram duas grandes limitações: o peso das preocupações nacionais e locais e os processos de privatização empresarial.

• As *prioridades nacionais secundarizam a constituição de CEEs*. Este é o obstáculo mais recorrentemente apontado pelos representantes das ORTs. Confrontados com diversos problemas a nível nacional e, principalmente, local, a constituição de CEEs é relegada para segundo plano. A defesa dos trabalhadores ao nível da empresa estabelece-se, de resto, como uma prioridade que se justifica pelo facto de serem esses os trabalhadores que os órgãos eleitos directamente representam. Se, à primeira vista, a ampliação da escala de operações das multinacionais com sede em Portugal parecia indicar ser este um momento propício à criação de CEEs, o que se verifica, ao invés, é que se torna mais aguerrido entre os representantes dos trabalhadores o sentido de defesa dos seus interesses a nível local e nacional.

> *Por que é que ele não começou? Ele não começou por uma questão de prioridades. É uma questão de prioridades. Nós perguntamos assim: é prioritário a constituição do CEE? E minha resposta é não.* (Representante da Comissão de Trabalhadores da CGD, 15.09.2006)

> *Alguém tem de tomar a iniciativa! A questão é essa! E, em qualquer momento que a gente* [CT] *decida que os CEEs são uma prioridade de trabalho e que são um espaço de intervenção importantes, então, entre o muito trabalho que temos, avança-se. Mas como nunca se tornou prioritário, portanto, não se deu mais passos do que estes* [alguns contactos iniciais com a sucursal espanhola], *nem houve obstáculos. Só então é que, se houver obstáculos, eles vão aparecer. Mas como não se tornou prioritário, a gente não deu mais passos do que estes e nem houve obstáculos, nem houve dinâmica.* (Representante da Comissão de Trabalhadores da CIMPOR, 27.09.2006)

• Os *processos de privatização*, que envolvem empresas públicas e semi-públicas, parecem fazer emergir duas situações: por um lado, uma deterioração das relações entre administrações locais e ORTs e, por outro, um decréscimo da cultura participativa no seio das empresas. A entrada de novos efectivos com outras condições contratuais representa, neste quadro, um obstáculo considerável à participação.

Os processos de privatização contribuem, pois, para deteriorar as relações no seio das empresas, para restringir a participação dos trabalhadores, para concentrar a atenção nos «problemas locais» e, uma vez mais, para relativizar a *urgência* dos CEEs.

As várias fases de privatização foram conduzindo a reduções sucessivas de efectivos e a alterações na organização do trabalho [...] que levam as pessoas a pensar como é que eu me meto nisto [estruturas de participação laboral]. [...] Para nós seria muito bom ter jovens trabalhadores a participar, mas os jovens trabalhadores que entram são contratados e, portanto, não se metem. Outros que lá andam, não são trabalhadores da CIMPOR mas de empreiteiros e esses nem pensar. Outros jovens que entram são licenciados e vão para postos de responsabilidade e são-lhes atribuídos objectivos que eles têm de cumprir e há um certo preconceito relativamente a estar sindicalizado. A privatização da empresa não melhorou nada disto, antes pelo contrário. Daí também o défice de participação interna. Os CEEs acabam por sofrer disto também. (Representante da Comissão de Trabalhadores da CIMPOR, 27.09.2006)

1.2. Características do sistema de relações laborais português e relações entre os principais actores das organizações de representação dos trabalhadores

Um segundo conjunto de obstáculos à constituição de CEEs nas multinacionais com sede em Portugal reside no próprio sistema de relações laborais português, não só naquilo que o sistema já *oferece* aos trabalhadores, como nas relações entre os actores que o compõem.

• O *direito à informação e consulta não é considerado como uma mais-valia*, na medida em que já se encontra previsto na legislação que regula quer as Comissões de Trabalhadores [art. 54º, nº 5, al. a), da CR], quer a liberdade sindical [art. 55º, nº 6, da CR].

As temáticas que um CEE na CIMPOR trataria não estão muito distantes das temáticas que a Comissão de Trabalhadores tem tratado com a administração. Ou seja, se se tem a possibilidade de ter um espaço de participação diferente é porque se pode tratar de matérias diferentes, mas como aqui se têm vindo a manter as reuniões com a administração onde se abordam coisas que também têm a ver com outros países, isto pode ser um dos aspectos que pode ter levado a não tornar o CEE numa prioridade. (Representante da Comissão de Trabalhadores da CIMPOR, 27.09.2006)

Segundo a Constituição, é dever da Comissão de Trabalhadores exercer o controlo de gestão. [...] Eu tenho o direito de ter informação adequada relativamente à situação da minha empresa. Essas são as competências da Comissão de Trabalhadores. (Representante da Comissão de Trabalhadores da CGD, 15.09.2006)

· A *proximidade à sede assegura o acesso à informação e aos processos de decisão*. Ao mesmo tempo que poderia facilitar o estabelecimento de CEEs, a proximidade à sede parece constituir-se como um obstáculo na medida em que relativiza os objectivos e competências dos CEEs. De facto, não só a proximidade à sede facilita o acesso à informação como os próprios estatutos das estruturas nacionais de representação dos trabalhadores consagram o direito à informação. Para se tornarem realmente num mecanismo «apetecido», as competências dos CEEs são, pois, percepcionadas como devendo ir para além da informação e consulta.

> *Há opiniões diversas* [por parte de representantes dos trabalhadores em CEEs]. *Há uns que acham que é bom participar nesses CEEs para ter acesso a informação sobre a empresa que cá não obtêm… Mas isso é uma coisa que nós não sentimos. Nós, em termos de informação do essencial da vida da empresa, obtemos junto da administração da empresa, quer seja da sediada cá quer seja sediada em Espanha. Portanto, a informação que a gente pede, de uma maneira geral, é satisfeita. Não sentimos essa necessidade. Há alguns camaradas que falam nos CEEs como sendo uma vantagem para obter informação.* (Representante da Comissão de Trabalhadores da GALP/PETROGAL, 11.10.2006)

· Os *conflitos entre as principais organizações locais de representação dos trabalhadores*. No cerne destes conflitos encontra-se uma visão diferenciada do papel que CTs e sindicatos deveriam desempenhar na constituição e, posteriormente, na prática dos CEEs. De um lado estão aqueles que acreditam que as CTs devem ser as principiais responsáveis pelos CEEs (já que representam a totalidade da força de trabalho). Do outro aqueles que acreditam que essa tarefa cabe, essencialmente, aos sindicatos. De facto, alguns entrevistados falaram mesmo na necessidade de *sindicalizar* os CEEs, como forma de exprimir a necessidade dos sindicatos assumirem maior protagonismo e controlo sobre estes mecanismos de participação transnacional. O facto é que em diversas entrevistas foi igualmente possível identificar um relativo descomprometimento das principais confederações sindicais portuguesas relativamente aos CEEs já assinalado noutros estudos (Costa, 2004a; 2004b; 2006b). Para J. Wills (2001; 2004), os sindicatos podem desempenhar um papel fundamental no desenvolvimento de uma vocação efectivamente transnacional por parte dos CEEs, desde logo se a sua acção for pautada, também ela, por uma cultura transnacional. É neste sentido igualmente que deve ser lida a necessidade de *sindicalizar* os CEEs.

50 AS VOZES DO TRABALHO NAS MULTINACIONAIS

• A *indisponibilidade para acumular funções para além daquelas que os represen-tantes dos trabalhadores já desempenham*. Trata-se aqui de uma questão que deve ser relacionada com a possibilidade dos representantes dos trabalhadores exercerem a sua actividade a tempo inteiro ou recorrendo ao crédito de horas estipulado na lei. A questão da indisponibilidade para acumular funções terá repercussões no próprio envolvimento dos representantes nos CEEs. Segundo W. Altmeyer (2003) muitos representantes sindicais locais conside-ram o envolvimento nos CEEs como uma tarefa adicional cuja prioridade é relativizada pela falta de tempo e de competências para desempenhar fun-ções a esse nível. Esta foi, de facto, como se verá, uma das formas de participa-ção dos representantes portugueses em CEEs identificada: uma participação mais simbólica do que orientada por e para objectivos concretos, baseada na assunção de que a existir um mecanismo de participação transnacional é importante estar presente, embora consciente de que se irá, sobretudo, «per-der tempo». Trata-se, em suma, de formas de participação de baixa expecta-tiva em relação aos CEEs.

> *Há opiniões de outros representantes que dizem que isto* [os CEEs] *não tem interesse e que o tempo que têm é curto para estar na actividade da Comissão de Trabalhadores dentro do nosso país, quanto mais para fora!* (Representante da Comissão de Trabalhadores da GALP/PETROGAL, 11.10.2006)

> *As pessoas têm mais que fazer! Não se querem meter nisso. E há um bocado a tendência para que as coisas caiam sempre nos mesmos. Essa é uma grande dificuldade.* (Representante da Comissão de Trabalhadores da CIMPOR, 27.09.2006)

• Cumulativamente, aparecem ainda outros obstáculos que, apesar de deterem uma menor expressão no discurso dos representantes, influenciam negativamente a aplicação da Directiva nas multinacionais com sede em Portugal: a *rotatividade nas lideranças locais das organizações representativas de trabalhadores*, que aparece como um pretexto para não colocar ou para adiar sistematicamente os CEEs da agenda de intervenção mais imediata; a *rotatividade nas lideranças estrangeiras das organizações representativas dos trabalhadores*, que impede um trabalho continuado com interlocutores fixos; o *défice de contactos entre representantes dos órgãos de representação dos trabalhadores das sucursais nacionais e estrangeiras*; o *desconhecimento das formas de organização de trabalhadores bem como dos representantes dos trabalhadores nas sucursais estrangeiras*; a *inexistência de espaços de representação sindical/laboral na empresa*[17]; e os *conflitos entre as organizações de representação dos trabalhadores e as entidades empregadoras*[18].

1.3. Representações sobre os Conselhos de Empresa Europeus

Embora não esteja totalmente dissociado dos obstáculos anteriores, um último conjunto de obstáculos pode autonomizar-se. Este diz respeito à avaliação subjectiva que os representantes dos trabalhadores fazem da importância dos CEEs e da sua funcionalidade. A este respeito são identificáveis os seguintes obstáculos:

• A *difícil apreensão do sentido prático/eficácia dos CEEs.*

> *A questão é a de saber para que é que serve um CEE? Que utilidade tem? Que benefícios traz às pessoas que representa? No dia-a-dia das pessoas aqui as preocupações são as condições de trabalho, os salários, a carreira...* (Representante da Comissão de Trabalhadores da CIMPOR, 27.09.2006)

> *Muito honestamente, penso que os CEEs, nesta evolução do capital sem rosto, não conseguem ter o conhecimento atempado das questões fundamentais para quem trabalha. E para quem trabalha o fundamental é o emprego!* (Representante da Comissão de Trabalhadores da CGD, 15.09.2006)

---

[17] Este obstáculo é uma realidade nas empresas onde não existem sequer estruturas laborais/sindicais, tendo sido particularmente enfatizado por líderes sindicais do sector das indústrias da madeira e da cortiça relativamente à *Sonae Indústria*. Segundo informação colhida junto de dirigentes sindicais do sector da construção (Dezembro de 2006), a ausência de democracia laboral na Sonae Indústria reside no facto de não existir aí qualquer força de trabalho organizada (sindicatos ou mesmo CT). Para uma responsável da administração contactada telefonicamente e por *e-mail* (Janeiro de 2007), a ausência de representatividade laboral não é, no entanto, responsabilidade da multinacional, devendo ser imputada à ausência de tradição de organização sindical e laboral nas empresas em Portugal.

[18] Nos casos em que as partes (direcção central e GEN) assim o entenderem ou não chegarem a acordo nos prazos estabelecidos, a Directiva prevê um conjunto de prescrições subsidiárias, relativas à instituição e funcionamento de um CEE, cuja aplicação é automática (art. 7º). No entanto, é geralmente reconhecido pelos representantes dos trabalhadores entrevistados que um mecanismo de informação e consulta constituído nestas condições enviesaria, à partida, o seu funcionamento.

AS VOZES DO TRABALHO NAS MULTINACIONAIS

• A *morosidade inerente à constituição de CEEs*. Com efeito, a constituição de um CEE implica negociações com distintas, e muitas vezes distantes, organizações de trabalhadores, e entre estas e entidade empregadora. A opção por situar este obstáculo no campo das representações sobre CEEs prende-se com o facto de ser este um obstáculo que serve de *álibi* para continuar a reivindicar a prioridade dos problemas locais e nacionais e a não assumir a promoção de mecanismos de informação e consulta cujos resultados práticos são avaliados como incertos.

• O *reduzido ou quase inexistente número de acções de formação* sobre a problemática dos CEEs (quer promovido pelas administrações das multinacionais, quer pelas organizações representativas dos trabalhadores) e a *(quase) inexistência de experiências nacionais em CEEs*, que pudessem constituir uma referência a ter em conta, concorrem para alimentar um *défice de informação sobre os CEEs*.

> *Isso é um trabalho moroso e um trabalho de consenso. Além disso, não temos nenhum caso em Portugal, não temos nenhum ponto de referência. Que eu saiba, não há nenhuma empresa com sede em Portugal que tenha CEE.* (Representante da Comissão de Trabalhadores da CGD, 15.09.2006)

✳
✳ ✳

Em resumo, são vários os factores que têm vindo a contribuir para colocar os representantes dos trabalhadores nas multinacionais com sede em Portugal numa posição defensiva face aos CEEs. Segundo as vozes desses representantes destacam-se, como vimos, factores relacionados com a instabilidade do contexto socioeconómico, com o sistema de relações laborais e a dinâmica de relações entre os seus actores (nacionais e estrangeiros) e com as avaliações subjectivas face aos CEEs, cujo pendor se revela assumidamente céptico relativamente à sua importância e funcionalidade. A experiência, mesmo que recente, do CEE do Grupo Banco Espírito Santo é, porém, reveladora do *mundo a ganhar* associado aos CEEs. Dela nos ocuparemos seguidamente.

2. A experiência do Conselho de Empresa Europeu
do Grupo Banco Espírito Santo

Perante o clima particularmente adverso à criação de CEEs, a experiência do Grupo Banco Espírito Santo (BES) aparece como uma excepção que obriga a uma atenção especial.[19] Serão aqui abordados três aspectos interligados: primeiro, as condições de partida que serviram de alavanca à constituição do CEE do Grupo BES; segundo, as características do CEE que de forma mais decisiva têm contribuído para assegurar o seu dinamismo; e, finalmente, os aspectos positivos mais salientes que resultam da sua acção (Figura 3).

FIGURA 3. Condições de emergência, factores dinamizadores e resultados do CEE do Grupo BES

Condições para a emergência do CEE do Grupo BES	Factores dinamizadores da acção do CEE do Grupo BES	Resultados alcançados pelo CEE do Grupo BES
. O bom relacionamento entre a CT e os sindicatos portugueses e espanhóis	. Uma acção que ultrapassa o estipulado no acordo	. A aquisição de uma perspectiva macro das actividades do Grupo
. A ocupação simultânea de funções de responsabilidade nas organizações locais de representação dos trabalhadores: CT e sindicatos	. Uma acção pró-activa	. O papel de mediação das relações entre administração e ORTs nacionais e estrangeiras (gestão de conflitos)
. Um bom relacionamento entre a CT e a administração do Grupo BES	. A maximização das redes e contactos formais e informais	
	. A ocupação simultânea de cargos de responsabilidade em diversas organizações de representação dos trabalhadores	
	. A experiência acumulada: funcionamento dos CEEs e capital relacional	
	. A dedicação exclusiva à representação dos trabalhadores	

---

[19] A origem do Banco Espírito Santo remonta a 1869, sendo hoje um grupo financeiro multiespecialista organizado em diferentes unidades. A estratégia internacional do Grupo tem-se pautado pelo investimento em áreas nas quais tem vantagens competitivas, no seu *core business* e em mercados com relações de afinidade com Portugal. Estas linhas estratégicas traduzem-se na presença do Grupo junto das comunidades de emigrantes portugueses nos países de destino do capital português, assim como nos países de língua portuguesa e nos principais centros financeiros internacionais. O Grupo BES emprega aproximadamente 5.000 trabalhadores em mais de 17 países, de quatro continentes. O grupo emprega cerca de 4.550 em Portugal e de 450 no resto da Europa. O segundo país com maior número de

2.1. Condições para a emergência do CEE do Grupo BES

A possibilidade de formar um CEE foi primeiramente sugerida pela Comissão de Trabalhadores (mandato de 2000 a 2003) que impulsionou, numa concertação de esforços que mobilizou sindicatos portugueses (Sindicatos dos Bancários do Centro, do Norte e do Sul e Ilhas, e Sindicato Nacional dos Quadros e Técnicos Bancários) e sindicatos espanhóis (Federação dos Trabalhadores Independentes, Federação dos Serviços Financeiros e Administrativos das *Comisiones Obreras* e Federação dos Serviços da *Unión General de Trabajadores*), no sentido da formação de um Grupo Especial de Negociação (GEN) com o intuito de encetar negociações com a administração.

Assim, de entre as condições de partida que mais influenciaram a constituição do Procedimento de Informação e Consulta (PIC), que viria mais tarde a ser formalizado num CEE[20], destacam-se as seguintes:

· O *bom relacionamento entre a Comissão de Trabalhadores do Grupo BES* (em exercício aquando do início das negociações) *e os sindicatos portugueses*[21] *e espanhóis.* O *parceiro* espanhol revelou-se decisivo no processo de constituição do CEE e, pelo viés da alteração de estratégia do Grupo BES em Espanha, decisivo igualmente para granjear ao CEE maior protagonismo, dinamismo e respeitabilidade.[22]

> *O CEE do BES acabou por beneficiar muito do facto da administração do BES ter decidido efectuar grandes alterações em Espanha. [...] Todas estas alterações implicaram*

---

trabalhadores é Espanha com aproximadamente 400 colaboradores (Página Oficial do Grupo Banco Espírito Santo: www.bes.pt).

[20] Foram escassas as alterações no acordo por via da passagem do PIC ao CEE (ver Anexo 2).

[21] A relação entre a Comissão de Trabalhadores (CT) – que tomou posse na tarde da celebração do PIC (16.07.2003) e cujo mandato vigorou até Outubro de 2006 – e o CEE viria, porém, a assumir novos contornos, com a CT a recusar-se nomear os cinco membros para o CEE que haviam sido acordados aquando da negociação do acordo (Conselho de Empresa Europeu do Grupo BES, 2005: 5). Esta situação manteve-se, de resto, inalterada após a mais recente eleição (Outubro de 2006) da CT em vigor (mandato de 2006 a 2009).

[22] A importância do parceiro espanhol reflecte-se, desde logo, na letra do acordo, nomeadamente ao nível da informação e consulta, definindo o acordo as matérias transnacionais como aquelas que dizem respeito ao Grupo BES no seu conjunto ou, no mínimo, às empresas do Grupo com sede em Portugal e em Espanha (art. 15º, ponto 2) (ver Anexo 2).

as actividades de uma estrutura que, à partida, não estava nos nossos horizontes. O CEE foi uma reacção a um determinado tipo de estratégia que o BES decidiu implementar e que nos arrastou igualmente a nós. E ou ficávamos mudos e quedos e não fazíamos nada ou assumíamos algum protagonismo. Protagonismo que nos interessava assumir, até como forma de poder justificar a existência do CEE. Para ter uma reunião por ano, não valia a pena! Se é só para cumprir calendário e directivas não vale a pena. (Representante dos trabalhadores do CEE do Grupo BES, 12.10.2006)

• A *ocupação simultânea de funções de responsabilidade nas organizações de representação dos trabalhadores (CT e sindicatos)*. Uma grande parte dos acordos de CEEs salvaguarda, em jeito de recomendação, que os CEEs não substituem nem alteram as competências dos órgãos de representação dos trabalhadores existentes a nível local e nacional. Uma plena consciência do papel do representante dos trabalhadores nos CEEs e das competências dos CEEs, a par de uma acção complementar entre estruturas de representação em diferentes escalas podem, nessa medida, constituir uma garantia para o sucesso.

> *Só é possível avançar com determinado tipo de empreendimento, nomeadamente a nível sindical, quando as pessoas ocupam simultaneamente algumas funções de responsabilidade, seja no sindicato, seja na comissão de trabalhadores. Foi isso que aconteceu.* (Representante dos trabalhadores do CEE do Grupo BES, 12.10.2006)

• Um *bom relacionamento entre a Comissão de Trabalhadores e a administração do Grupo BES*. As negociações tiveram início entre o GEN e os representantes da administração, e conduziram à assinatura, a 16 de Julho de 2003, de um acordo para a constituição de um PIC. A opção por um procedimento de informação e consulta, ao invés de um CEE, foi sugerida pelo representante da administração que, tendo em conta a inexistência de experiências em multinacionais com sede em Portugal e a nível sectorial, considerou prudente que, pelo menos inicialmente, a estrutura assumisse a designação formal de um PIC, embora na prática pudesse funcionar efectivamente com um CEE. Nos considerandos h) e i) do acordo do PIC é, de resto, possível ler que: "[...] o presente acordo não se limita a criar um procedimento simplificado de informação e consulta. De facto, ambas as partes entenderam igualmente como adequado a inclusão no presente acordo de vários aspectos que seriam exclusivos da criação de um Conselho de Empresa Europeu, como sejam a necessária realização anual de uma reunião entre a Direcção Central e os representantes dos trabalhadores [...]" (ver Anexo 2).

2.2. O dinamismo do CEE do Grupo BES

De entre as principais características que conferem dinamismo ao CEE do Grupo BES destacamos as seguintes:

• A *acção do CEE do Grupo BES para além das «fronteiras rígidas» do acordo*. Esta é uma das características mais marcantes do funcionamento do CEE e uma das condições necessárias para assegurar o seu dinamismo. O acordo é, nessa medida, definido pelo representante como um «contrato *minimus*», ou seja, como seguindo escrupulosamente o estipulado pela Directiva. No entanto, se limitado ao acordo, o CEE não teria tido a possibilidade de realizar o número avultado de reuniões com o representante da administração do Grupo e as deslocações que tem vindo a efectuar às representações do Grupo no estrangeiro: "Isto não é hermético! Porque se tivéssemos confinados hermeticamente ao cumprimento do acordo só fazíamos uma reunião por ano" (Representante dos trabalhadores do Grupo BES, 12.10.2006). A possibilidade de efectuar deslocações às sucursais do Grupo não se encontra prevista no acordo do Grupo BES, o que vem reforçar a ideia de que a letra dos acordos e as dinâmicas de que os CEEs são portadores poderão não ser necessariamente coincidentes (Ramsay, 1997; Paternotre, 1998; Telljhohann, 2005b; Costa e Araújo, 2007a). «Transcender» o acordo é uma mais-valia que se «conquista» com a prática, derivando essa prática, por sua vez, da experiência acumulada pelos representantes do CEE e do seu envolvimento pessoal na vida do CEE.

• Uma *acção do CEE pró-activa*, ao invés de meramente reactiva. Esta pró-actividade traduz-se, por exemplo, na inclusão na agenda das reuniões entre representantes dos trabalhadores e representante da administração de tópicos relevantes quer para os trabalhadores quer para a administração. Um conhecimento aprofundado das actividades e estratégias do Grupo revela-se, nessa medida, fundamental. Será precisamente neste ponto que a *dimensão cognitiva* dos CEEs – o conhecimento da realidade do Grupo e das suas actividades – convergirá com as suas *possibilidades práticas* (Didry *et al.*, 2005: 37). De resto, tem vindo a ser reconhecido que a afirmação dos CEEs deve passar por uma acção contínua tanto em *períodos de crise* (reestruturações, fusões, aquisições, etc.) como em *períodos de acalmia* (Bethoux, 2004a: 32). No primeiro caso, a acção dos CEEs passaria pela mobilização e articulação de respostas de diversos actores em diversos espaços nacionais, enquanto que no segundo pela antecipação das estratégias das multinacionais. Segundo

M.-A. Moreau (2006: 5 ss.), os CEEs apresentam uma vocação *natural* para intervir, por exemplo, em cenários de reestruturação de empresas de dimensão comunitária. Como única instância de representação transnacional de trabalhadores, a sua composição e organização permitir-lhes-ia articular e coordenar diversas práticas e acções por parte dos representantes dos trabalhadores europeus. Os CEEs inscrever-se-iam, neste sentido, num movimento de europeização das relações laborais que reflectiria a emergência de novas sinergias entre actores.

• A *maximização das redes e contactos formais e informais* que, combinadas com deslocações «à fonte», ou seja, às sucursais (nacionais e internacionais), garantem o acesso à informação de qualidade, «informação credível», na base da qual se pode sustentar a acção do CEE. Esta é uma questão importante na medida em que a informação e consulta, os dois pilares em que assenta a Directiva, continuam a ser abundantemente discutidos na literatura sobre a temática dos CEEs, e isso porque a prática dos CEEs tem vindo a questionar se a Directiva veio, efectivamente, melhorar o direito à informação e consulta (Müller e Hoffman, 2001).

• Se foi decisiva para o surgimento do CEE, a *ocupação simultânea de cargos de responsabilidade em diversos órgãos de representação dos trabalhadores* é igualmente um factor que reforça o dinamismo do CEE. Esta pertença simultânea exige, porém, uma gestão equilibrada por parte dos representantes desses papéis institucionais, de modo a que não se verifiquem nem interferências, nem duplicações na sua acção. Uma relação de complementaridade é, deste modo, considerada como uma garantia para a capitalização das relações com outros órgãos de representação dos trabalhadores.

> *Quando estamos a falar com a administração do BES, aproveitamos o facto de eles saberem que somos simultaneamente várias coisas. Mesmo estando ali como membros do CEE, as informações e os conhecimentos relativamente às questões que são colocadas são, posteriormente, transmitidas aos nossos sindicatos. Porque se houver questões que possam vir a colidir com a negociação colectiva, nós temos de informar as direcções sindicais.* (Representante dos trabalhadores do CEE do Grupo BES, 12.10.2006)

> *Tudo isto* [funcionamento do CEE] *tem a ver com a forma como nos integramos e estamos posicionados na vida sindical porque, pontualmente, há sempre conflitos – por vezes tenho de decidir: «estou aqui como dirigente sindical ou membro do CEE» – e este equilíbrio,*

que até agora nunca nos trouxe dissabores, tem sido gerido com algum cuidado [...]. *Neste processo em particular* [deslocações a sucursais estrangeiras do Grupo], *nós demos conhecimento à administração, porque se eles não nos pagarem pagam os sindicatos! É essa a grande alternativa que temos. É o que acontece em todos os CEEs por esta Europa fora. Tem que ser assim. São sempre os sindicatos que estão por detrás dos CEEs.* (Representante dos trabalhadores do CEE do Grupo BES, 12.10.2006)

• A *experiência acumulada dos membros do CEE*, no que concerne ao funcionamento destas instituições transnacionais e ao capital relacional, contribui igualmente para assegurar dinamismo ao CEE. Evidentemente, a aquisição dessa experiência passa forçosamente pela possibilidade dos representantes se poderem dedicar ao CEE a tempo inteiro.

2.3. Principais resultados alcançados pelo CEE do Grupo BES

As principais questões em que o CEE do Grupo BES produziu impactos positivos foram as seguintes:

• Desde logo, deve considerar-se o impacto positivo resultante do *pioneirismo do CEE do Grupo BES*. O facto de, no início de 2009, o CEE do BES continuar a ser o único CEE constituído numa empresa com sede em Portugal atesta a sua importância enquanto referência a ter em consideração, pese embora o facto do "exemplo" do Grupo BES tardar em multiplicar-se a outras multinacionais com sede em Portugal.

Eu sinto-me satisfeito porque é o único em Portugal e, portanto, num país conservador e, até, reticente à implementação de mudanças, é um caso único. E o sucesso deve ser sempre medido, na minha opinião, relativamente aos outros. Se não há mais nenhum só podemos medir o sucesso ou êxito do nosso trabalho em relação aos CEEs a nível europeu. (Representante dos trabalhadores do CEE do Grupo BES, 12.10.2006)

• A *aquisição de uma perspectiva macro das actividades do Grupo*, ou seja, das «grandes questões» com impacto efectivo nos interesses dos trabalhadores deve igualmente ser considerada:

Tendo uma função supranacional, o CEE olha para as questões de um ponto de vista macro. [...] *Nós não tratamos de questões comezinhas, nem do trabalhador A ou B, do balcão C ou D, disso não tratamos. Há uma aquisição de um banco lá fora? Vamos ver como é que isso se vai processar, vamos tentar acautelar.* (Representante dos trabalhadores do CEE do Grupo BES, 12.10.2006)

• O *papel de mediação* que o CEE do BES passou a exercer entre a administração e as organizações de trabalhadores portuguesas e estrangeiras, em especial nas operações susceptíveis de afectar os interesses dos trabalhadores (fusões, aquisições, etc.):

> *Em 2004, o CEE enfrenta a sua primeira grande prova de fogo, que é o aparecimento de uma grande operação em Espanha. Sendo esta uma estrutura de característica supranacional, [...] foi-nos solicitado pelos sindicatos espanhóis que obtivéssemos as informações necessárias para que a operação pudesse ser acompanhada por uma estrutura que tinha, simultaneamente, representantes dos sindicatos e membros da Comissão de Trabalhadores espanhóis e portugueses. Isto não podia acontecer em mais nenhuma mesa negocial. Não há outra estrutura que tenha a possibilidade de ter em simultâneo todas estas estruturas sindicais representadas (...). E isto porquê? Porque eles perceberam que a criação deste CEE tinha vindo na hora h no sentido de defender, por um lado, o pessoal já existente no BES e, por outro, os novos elementos do* Inversión. *E a administração do BES também percebeu que o surgimento desta estrutura iria colocar alguns entraves caso se viessem a verificar determi-nadas situações, ou seja, que iríamos estar atentos ao desenrolar da operação.* (Representante dos trabalhadores do CEE do Grupo BES, 12.10.2006)

✳

✳   ✳

Como ficou expresso na análise precedente, o caso do CEE do Grupo BES constitui, de momento, uma "ilha isolada". Com efeito, os CEEs continuam a ser olhados com algum cepticismo por parte dos representantes das organizações representativas dos trabalhadores de empresas sediadas em Portugal, não constituindo, assim, uma prioridade prática.

Os CEEs são considerados incapazes de evitar a ocorrência de problemas que efectivamente afectam os trabalhadores no quadro da globalização da economia (as reestruturações e o desemprego são aqui os mais referidos). Além disso, por um lado, a informação potencialmente difundida pelas administrações das multinacionais em sede dos CEEs não é considerada uma mais-valia. Por outro lado, o processo de decisão é percepcionado como uma prerrogativa das administrações e isso independentemente da maior ou menor capacidade de intervenção dos CEEs. Duas limitações que tendem, portanto, a esvaziar de conteúdo o papel da informação e da consulta, os dois pilares em que assenta a Directiva 94/45/CE. A estas limitações poderia ainda acrescentar-se a inexistência de uma cultura de participação nas empresas em Portugal que, de par com a permanência de formas de competitividade entre organizações representativas de trabalhadores (entre sindicatos e entre sindicatos e CTs), enfraquece igualmente os índices de motivação e participação laboral.

Todavia, os representantes das multinacionais com sede em Portugal não deixam de reconhecer algumas virtualidades aos CEEs. É nessas potencialidades que podem reconhecer-se factores de disseminação da experiência dos CEEs e, portanto, razões para uma maximização do seu *valor de uso*:

· O conhecimento e o contacto com realidades laborais distintas propiciado pelos CEEs permite, por um lado, "importar" práticas de negociação subjacentes a diferentes culturas de trabalho e, por outro lado, "exportar" sentimentos, dúvidas e convicções dos vários colectivos de trabalhadores de uma multinacional;

· A percepção e intercâmbio de experiências entre diferentes colectivos de trabalhadores, que, afinal, são confrontados com problemas que, não obstante serem específicos de um "local", fazem parte de uma "estrutura transnacional". De facto, os CEEs não podem ser analisados pelo prisma único da sua função de informação e consulta dos trabalhadores. Enquanto novo palco de diálogo social, os CEEs implicam, por parte dos actores neles envolvidos, o desenvolvimento de uma visão transnacional mais adequada à realidade e mais apta à escala de operação das multinacionais (Wills, 2004; Didry *et al.*, 2005);

· A criação de condições para colmatar os efeitos das reestruturações é outra potencialidade dos CEEs, pois, a possibilidade de antecipar as consequências de um processo de reestruturação permite aos trabalhadores disporem de mais tempo para definir estratégias de gestão negocial com as administrações das empresas. Segundo J.-B. Célestin (2002: 39), para anteciparem os efeitos das reestruturações é fundamental que os representantes dos trabalhadores disponham de uma informação fidedigna e credível sobre a situação financeira e comercial das empresas. Será esta informação que lhe permitirá adaptar as suas estratégias à mesa da negociação;

· Os CEEs criam ainda condições para a efectivação de uma rede de relações sectorial e inter-sectorial de representantes portugueses de CEEs. Essa "cultura de rede" (que pode ser potenciada pelo recurso às tecnologias de comunicação: *e-mail*, Internet, etc.) constitui também uma condição indispensável para a partilha de problemas, o intercâmbio de experiências e a discussão de possíveis estratégias conjuntas.

Apesar de relativamente recente, a experiência do CEE do Grupo BES pode, em suma, constituir uma referência a ter em conta não só para o sector financeiro, como para outros sectores de actividade. Nesse sentido, é igualmente no seu dinamismo e nos seus resultados que podem encontrar-se motivos adicionais de disseminação da experiência dos CEEs em multinacionais com sede em Portugal.

CAPÍTULO 3
OS ACORDOS DE CONSELHOS DE EMPRESA EUROPEUS ENVOLVENDO REPRESENTANTES PORTUGUESES

Os dados apresentados nos capítulos 1 e 2 permitem constatar um relativo défice na aplicação da Directiva. Desde logo, em termos quantitativos, o número de CEEs estabelecidos face ao número de multinacionais em condições de os constituir sugere claramente que a Directiva tem ainda um longo caminho a percorrer. Mas é igualmente um facto que a importância dos mecanismos de diálogo social transnacional instituídos com base na Directiva não pode ser interpretada unicamente pelo prisma da sua expressão numérica, não devendo, por isso, ser descurada a importância das dinâmicas institucionais e colectivas que, por seu intermédio, estão a emergir. A originalidade da Directiva encontra-se, de facto, em não procurar nem uma harmonização das legislações nacionais, nem uma coordenação das políticas nacionais, mas, isso sim, na criação de instâncias transnacionais que se situem efectivamente a nível europeu (Didry *et al.*, 2005: 34).

A opção pela negociação para a criação de CEEs representou, de resto, um elemento decisivo para ultrapassar as resistências com que se confrontaram tentativas anteriores de estabelecer mecanismos de informação e consulta transnacionais. A negociação de acordos para a instituição de CEEs ou de PICs, mesmo se juridicamente regulada com a entrada em vigor da Directiva, tem por principal característica ser aberta, ou seja, oferecer aos negociadores uma elevada *liberdade contratual* (Didry *et al.*, 2005: 35). Liberdade total no caso dos acordos ditos voluntários ou de antecipação à Directiva (artigo 13º) e liberdade parcial no caso dos acordos negociados com base no artigo 6º, ou seja, depois da entrada em vigor da Directiva. Esta liberdade contratual encontra ressonância quer na diversidade de formas como se organizam os conteúdos dos acordos, quer na maior ou menor abrangência dos próprios conteúdos regulados pelos acordos. Existem, assim, acordos extremamente detalhados e minuciosos, que procuram abranger um grande número de aspectos, e acordos mais sintéticos que se limitam a traçar as linhas gerais da composição, competências e funcionamento dos respectivos CEEs.

Neste capítulo, procederemos a uma análise detalhada do conteúdo dos acordos de CEEs envolvendo representantes de trabalhadores portugueses, atribuindo-se especial atenção: à natureza dos acordos; à sua composição, objectivos e competências; ao processo de selecção dos representantes dos trabalhadores; e ao modo como a organização das reuniões se encontra prevista nos acordos.

1. Processo de constituição de um Conselho de Empresa Europeu ou de um Procedimento de Informação e Consulta

A Directiva 94/45/CE consagra dois mecanismos em matéria de informação e consulta pelos quais os parceiros sociais – o Grupo Especial de Negociação e a direcção central – podem optar: o Conselho de Empresa Europeu (CEE) e o Procedimento de Informação e Consulta dos trabalhadores (PIC). Se as partes optarem por instituir um ou mais CEEs, então o(s) respectivo(s) acordo(s) deverá(ão) definir o âmbito de acção, a composição e as atribuições do CEE, e o período de duração do(s) acordo(s). Se optarem pela instituição de um ou mais PICs, o(s) acordo(s) deverá(ão) definir as regras nos termos das quais os representantes dos trabalhadores deverão ser informados e em que poderão reunir com a direcção central (ou seus representantes) para proceder a uma troca de opiniões sobre as informações comunicadas.

A abertura do processo negocial para a instituição de um CEE ou de um PIC pode ser desencadeada:

a) por proposta, oral ou escrita, da direcção central; ou

b) por requerimento dos trabalhadores, este último "mediante pedido escrito de, no mínimo, 100 trabalhadores, ou dos seus representantes, provenientes de pelo menos duas empresas ou estabelecimentos situados em pelo menos dois Estados-membros diferentes" (art. 5º, nº 1).

Aberto o processo negocial, o passo seguinte consiste na formação de um Grupo Especial de Negociação (GEN) (art. 5º) composto por representantes dos trabalhadores e por um mínimo de três e um máximo de dezassete membros [art. 5º, nº 2, al. b)]. Cabe aos Estados-membros determinar o modo de eleição ou de designação dos membros do GEN que devem ser eleitos ou nomeados no seu território [art. 5º, nº 2, a)]. Porém, nas eleições ou nomeações deve assegurar-se:

a) a existência de um representante por cada Estado-membro no qual a empresa de dimensão comunitária possua a empresa que exerce o controlo ou uma ou mais empresas controladas;

b) a existência de representantes suplementares em número proporcional ao dos trabalhadores dos estabelecimentos, da empresa que exerce o controlo ou das empresas controladas nos termos da legislação do Estado-membro em cujo território se situa a direcção central (art. 5º, nº 2). A direcção central e direcções locais são, posteriormente, informadas da composição do GEN [art. 5º, nº 2, d)].

Cabe ao GEN fixar, com a direcção central e mediante acordo escrito, o âmbito de acção, a composição, as atribuições e a duração do mandato do ou dos CEEs ou, em alternativa, as regras de execução de um PIC (art. 5º, nº 3). Para "melhorar o direito à informação e consulta dos trabalhadores nas empresas ou grupos de empresas de dimensão comunitária" (art. 1º, nº 1), direcção central e GEN devem "negociar com espírito de colaboração a fim de chegarem a um acordo sobre as regras de execução em matéria de informação e de consulta dos trabalhadores" (art. 6º, nº 1). Segundo R. Blanpain (1998: 10), o *espírito de colaboração* implica que a constituição de um CEE não seja do foro exclusivo das direcções centrais das multinacionais, e, portanto, que direcção central e representantes dos trabalhadores sejam considerados como parceiros orientados por um objectivo comum, actuando numa base de igualdade. O *espírito de colaboração* significa, em última análise, o estabelecimento de uma relação de confiança entre as partes, por mais opostos que sejam os seus interesses.

Segue-se, então, a adopção de um dos mecanismos de informação e consulta e a celebração do respectivo acordo (art. 6º) (Figura 4).

FIGURA 4. Principais etapas e calendarização para a instituição de um CEE ou PIC

Calendarização	Etapas
	1. Abertura do processo negocial de instituição de um CEE ou de um PIC (art. 5º, n.º 1): a) por proposta (oral ou escrita) da direcção central; b) por proposta escrita dos trabalhadores.
	2. Constituição do GEN (art. 5º, n.º 2) a) eleição ou designação dos membros [art. 5º, n.º 2, a)]; b) direcção central e direcções locais são informadas da composição do GEN [art. 5º, n.º2, d)].
No prazo de seis meses a contar a partir da abertura do processo negocial (art. 7º, n.º1)	3. Negociações GEN — direcção central para instituição de um dos mecanismos de informação e consulta previstos: para celebração de um acordo (art. 6º), a direcção central convoca uma reunião (art. 5º, n.º4); e informa as direcções locais (art. 5º, n.º4).
Seis meses após o início das negociações	4. Se as negociações não tiverem sido encetadas: disposições supletivas (art. 7º, n.º1)
No prazo de três anos a contar a partir do pedido inicial	5. Se não tiver sido celebrado qualquer acordo visando a instituição de um mecanismo transnacional de informação e consulta: disposições supletivas (art. 7º, nº1)
Celebração do acordo	6. Disposições supletivas (art. 7º, n.º1)

Fontes: Leite et al., 1996: 51; Blanpain, 1998: 9

2. Análise de conteúdo dos acordos

A base de dados elaborada por P. Kerckhofs e I. Pas (2006) disponibiliza 1.155 acordos de CEEs, 1.018 dos quais se encontram em vigor. O nosso universo de partida diz, porém, unicamente respeito às 335 multinacionais com operações em Portugal e com CEEs. Estas 335 multinacionais constituíram 343 CEEs com base em 482 acordos. Partindo deste universo, procedeu-se à construção de uma amostra tendo por principal critério a presença de representantes portugueses nos acordos. O primeiro passo consistiu, assim, em eliminar os CEEs relativamente aos quais não foi possível apurar a existência de representantes portugueses e o segundo em fazer coincidir a cada multinacional um único acordo e um único CEE. De facto, os acordos estão sujeitos a reformulações e revisões, pelo que ao mesmo CEE podem estar associados mais do que um acordo. Restringiu-se, deste modo, a análise ao acordo mais recente no qual é assinalada a existência de representantes portugueses.

Tendo em conta estes critérios, foram retidas para análise 163 multinacionais às quais correspondem 163 CEEs e 163 acordos, onde foram identificados um total de 201 representantes portugueses (6% do total de representantes nos 163 CEEs).

O universo das multinacionais é extremamente instável, pelo que o número de representantes portugueses que aqui se adianta é sempre susceptível de sofrer alterações, positiva como negativamente. Um exemplo de representantes portugueses não contabilizados pela base de dados é protagonizado pelo grupo francês do sector dos transportes, a *TRANSDEV*, que aparece na base de dados de 2006 sob a designação de *C3D* (*Caisse des Dépôts Développement*) como estando abrangido pela Directiva sem possuir, porém, qualquer CEE. A *TRANSDEV*, *holding* da *C3D* criada em 1990, fez a sua entrada em Portugal em 2002 através da aquisição do Grupo *Caima*.[23] Situações inversas podem decorrer das deslocalizações ou encerramentos de empresas em Portugal, representando, nesse caso, a perda de representantes portugueses (por exemplo, a norte-americana *Honeywell*, do sector metalúrgico, que encerrou em 2005, implicou a perda de um representante ou da Opel de Azambuja, em Dezembro de 2006, que representou igualmente a perda de um representante).

A análise do conteúdo dos acordos incidirá sobre quatro pontos essenciais na organização dos acordos:

1) a natureza dos acordos;
2) os objectivos e as competências dos CEEs regulados pelos acordos;
3) os representantes dos trabalhadores e sua selecção; e
4) a organização das reuniões.

---

[23] As negociações para a instituição de um CEE no grupo *TRANSDEV* tiveram início em 2004, tendo culminando em 2005 com a assinatura do seu acordo de constituição. Até Janeiro de 2007, o CEE apenas havia reunido duas vezes, encontrando-se, pois, ainda em fase de maturação. O CEE possui dois representantes portugueses que não integram esta análise na medida em que o acordo não se encontrava ainda disponível.

2.1. Natureza dos acordos

2.1.1. *Tipo de acordos*

A Directiva prevê duas situações relativamente aos acordos:

1) o reconhecimento dos acordos voluntários que sejam aplicáveis a todos os trabalhadores e que prevejam a informação e consulta transnacionais dos trabalhadores (artigo 13º); e

2) findas as negociações entre as partes (direcção central e representantes dos trabalhadores ou do Grupo Especial de Negociação), a celebração de um acordo para a definição do mecanismo transnacional de informação e consulta a adoptar (artigo 6º) que pode consistir, como já referido, ou num Conselho de Empresa Europeu ou num Procedimento de Informação e Consulta dos trabalhadores.

Assim, o artigo 13º da Directiva prevê o reconhecimento de acordos voluntários e que, finda a sua duração, as partes possam optar pela sua prorrogação ou, caso contrário, dar cumprimento ao disposto na Directiva (artigo 13º, nº 2).

Comparativamente ao artigo 13º, que confere às partes alguma flexibilidade no ajustamento do procedimento de informação e consulta às particularidades da multinacional (Leite *et al.*, 1996: 83), o artigo 6º é mais rigoroso em termos de definição do conteúdo dos acordos. De facto, se baseados no artigo 6º, os acordos de CEEs devem possuir um conjunto de elementos obrigatórios a serem negociados entre a direcção central e o Grupo Especial de Negociação (GEN) como sejam: as empresas do grupo de empresas de dimensão comunitária ou os estabelecimentos da empresa de dimensão comunitária abrangidos pelo acordo [art. 6º, nº 2, al. a)]; a composição do CEE, bem como o número de membros, a distribuição dos lugares e a duração do mandato [art. 6º, nº 2, al. b)] (as partes possuem aqui discricionariedade total para escolher os membros e respectivo número; definir se o CEE é composto apenas por trabalhadores da multinacional ou incluir outros representantes como sejam peritos ou representantes de organizações sindicais); as atribuições e o procedimento de informação e consulta do CEE [art. 6º, nº 2, al. c)]; o local, a frequência e a duração das reuniões do CEE [art. 6º, nº 2, al. d)]; os recursos financeiros e materiais a afectar ao CEE [art. 6º, nº 2, al. e)]; e a duração do acordo e o seu processo de renegociação [art. 6º, nº 2, al. f)].

Os 163 acordos analisados foram maioritariamente celebrados com base no artigo 13º. No entanto, dos 93 acordos baseados no artigo 13º, 43 foram revistos ou reformulados no seguimento de reestruturações (fusões, dissoluções ou aquisições), o que significa, por um lado, que se trata de CEEs com uma já extensa longevidade e, por outro, que, aquando das revisões e reformulações, essa experiência poderá ter originado alterações significativas no conteúdo dos acordos (Quadro 11 e Gráfico 5).

QUADRO 11. Tipo de Acordo

	Art. 13º (acordos voluntários)	Art. 13º (revisão de acordos existentes)	Art. 13º (acordos reformulados ou pós-fusão)	Art. 6º (acordos celebrados)	Art. 6º (acordos reformulados ou pós-fusão)	Não referido
N	50	7	36	60	10	0
%	30,7%	4,3%	22,1%	36,8%	6,1%	0%

Fonte: *European Works Councils Database*, 2006

GRÁFICO 5. Tipo de Acordo (acordos agrupados)

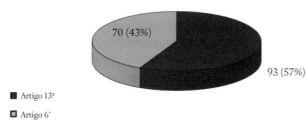

Fonte: *European Works Councils Database*, 2006

Cruzando o tipo de acordo com os sectores de actividade, verifica-se que, nos sectores com maior número de acordos assinados (Metalúrgico; Químico; da Indústria alimentar, Hotelaria & Agricultura; e das Actividades financeiras), se destacam os acordos celebrados ao abrigo do artigo 13º. Nos restantes sectores, é relativamente uniforme a repartição de acordos entre o

70 AS VOZES DO TRABALHO NAS MULTINACIONAIS

artigo 13º e o artigo 6º (Quadro 12 e Gráfico 6). Uma chamada de atenção, ainda, para os acordos (artigos 13º ou 6º) reformulados na sequência de reestruturações que ocorreram com mais frequência nos sectores Metalúrgico; da Indústria alimentar, Hotelaria & Agricultura; e Químico.

QUADRO 12. Tipo de acordo por sector de actividade

	Artigo 13º			Artigo 6º	
Sectores de actividade	Acordos voluntários	Revisão de acordos	Acordos reformulados ou pós-fusão	Acordos celebrados	Acordos reformulados ou pós-fusão
Indústria da madeira & Construção	1	1	2	4	1
Químico	17	0	7	12	0
Indústria alimentar; Hotelaria & Agricultura	7	0	9	4	0
Metalúrgico	15	3	11	21	5
Actividades comerciais	0	1	0	3	0
Actividades financeiras	4	1	4	5	2
Actividades gráficas	1	0	1	0	0
Serviços indescriminados	1	0	2	3	1
Têxtil	3	0	0	3	0
Transportes	1	1	0	5	0
Em branco	0	0	0	1	0

Fonte: *European Works Councils Database*, 2006

GRÁFICO 6. Tipo de acordo por sector de actividade (acordos agrupados)

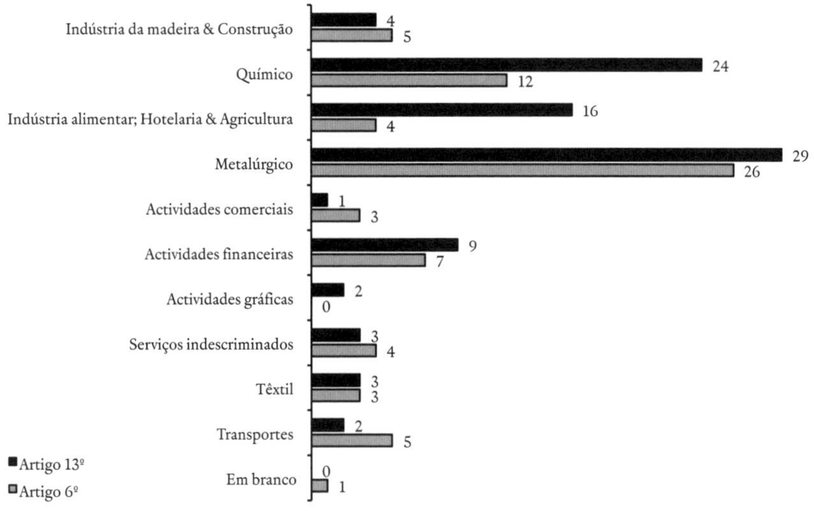

Indústria da madeira & Construção: Artigo 13º 4, Artigo 6º 5
Químico: Artigo 13º 24, Artigo 6º 12
Indústria alimentar; Hotelaria & Agricultura: Artigo 13º 16, Artigo 6º 4
Metalúrgico: Artigo 13º 29, Artigo 6º 26
Actividades comerciais: Artigo 13º 1, Artigo 6º 3
Actividades financeiras: Artigo 13º 9, Artigo 6º 7
Actividades gráficas: Artigo 13º 2, Artigo 6º 0
Serviços indescriminados: Artigo 13º 3, Artigo 6º 4
Têxtil: Artigo 13º 3, Artigo 6º 3
Transportes: Artigo 13º 2, Artigo 6º 5
Em branco: Artigo 13º 0, Artigo 6º 1

Fonte: *European Works Councils Database*, 2006

2.1.2. *Signatários dos acordos: representantes dos trabalhadores*

A direcção central, através dos seus representantes – que podem ser o presidente do conselho de administração, o director dos recursos humanos, etc. – aparece invariavelmente nos acordos como signatária por parte da entidade empregadora. Relativamente aos representantes dos trabalhadores, os acordos em análise[24] foram maioritariamente assinados pelos membros do Grupo Especial de Negociação (GEN) e por representantes dos trabalhadores não especificados (Quadro 13). Chamamos a atenção para o facto das designações dos signatários que constam dos acordos não permitirem um esclarecimento cabal das organizações de trabalhadores em causa, ainda que consideremos legítimo argumentar que as organizações sindicais desempenham um papel activo nas negociações dos acordos, nomeadamente como co-assinantes. Estamos, por isso, em crer que, ante as designações CEE, GEN ou RTs, uma parte muito significativa são organizações sindicais.

---

[24] Como já foi referido, são 163 os acordos onde é assinalada a presença de representantes portugueses. No entanto, oito destes acordos não se encontram disponíveis na base de dados, pelo que, de ora em diante, a análise dos acordos se restringe a 155 acordos.

72 AS VOZES DO TRABALHO NAS MULTINACIONAIS

QUADRO 13. Signatários dos acordos por parte dos trabalhadores

	CEE	GEN	RTs	RTs + OS	OS	CT	Não referido
N	19	46	46	11	21	9	3
%	12,3%	29,7%	29,7%	7,1%	13,5%	5,8%	1,9%

Fonte: *European Works Councils Database*, 2006

CEE   Conselho de Empresa Europeu
CT   Comissão de trabalhadores
GEN   Grupo Especial de Negociação
OS   Organizações sindicais
RTs   Representantes dos trabalhadores

Tendo por base 386 acordos celebrados voluntariamente nos termos do artigo 13º da Directiva, Lecher, Marginson e Buschak verificaram que os sindicatos participaram, quer como co-assinantes, quer desempenhando um papel activo nas negociações dos acordos em cerca de 75% das situações (Lecher, 1999: 299; Marginson, 1999: 266; Buschak, 1999: 388; Buschak, 2000: 169). Recorde-se, no entanto, que, apesar da forte presença sindical nas negociações dos acordos, a Directiva aplica-se a trabalhadores de multinacionais seja qual for a forma pela qual estes se encontrem representados.[25]

As organizações sindicais, nacionais ou internacionais, que figuram como signatárias dos acordos aparecem maioritariamente no caso dos acordos celebrados ao abrigo do artigo 13º. O mesmo acontece relativamente aos acordos assinados por representantes dos trabalhadores não especificados. Os acordos de artigo 6º, por sua vez, tal como previsto pela Directiva, são negociados e firmados entre o GEN e a direcção central (artigo 6º, nº 1).

---

[25] Sobre as estruturas, tipologias e ideologias de participação e representação dos trabalhadores nas empresas de plano europeu, Cf., entre outros, Knudsen (1995), Keller (1995), Pichot (1996), Costa (1996: 88-89), Psimmenos (1997), Slomp (1998: 79-90), ou Blanke (1999: 44-45).

2.1.3. *Legislação nacional aplicável*

Relativamente à legislação nacional a aplicar no funcionamento dos CEEs e em caso de litígio, em 60% dos acordos esta refere-se à legislação do país de sede da multinacional (Quadro 14).

QUADRO 14. Legislação aplicável

	Igual à do país de origem	Diferente do país de origem	Não referido
N	93	57	5
%	60%	37%	3%

Fonte: *European Works Councils Database*, 2006

Comparando a legislação aplicável das multinacionais com sede no e fora do EEE, as duas situações mais comuns são as seguintes: no caso da sede da multinacional se encontrar num país fora do EEE (Austrália, Japão, Estados-Unidos, etc.) aplica-se a legislação de um dos países do EEE, enquanto que no caso da sede da multinacional se encontrar num país do EEE tende-se a aplicar a legislação do país da sede (Quadros 15 e 16).

QUADRO 15. Legislação aplicável igual ou diferente à do país de origem, no e fora do EEE

	Igual à do país de origem		Diferente do país de origem		Não referido
	EEE	Fora do EEE	EEE	Fora do EEE	
N	92	1	20	37	5

Fonte: *European Works Councils Database*, 2006

74   AS VOZES DO TRABALHO NAS MULTINACIONAIS

QUADRO 16. Legislação aplicável igual ou diferente à do país de origem, por país no e fora do EEE

		Igual à do país de origem	Diferente do país de origem
EEE	Alemanha	22	
	Áustria	1	
	Bélgica	3	1
	Dinamarca	4	
	Espanha	3	
	Finlândia	2	
	França	29	1
	Holanda	7	
	Itália	4	
	Portugal	1	
	Reino Unido	13	6
	Suécia	3	1
Fora do EEE	Suíça	1	11
	Austrália		1
	Coreia do Sul		1
	Estados Unidos		31
	Japão		3
	Singapura		1

Fonte: *European Works Councils Database*, 2006

2.1.4. *Alcance geográfico*

Os acordos não definem uniformemente o alcance geográfico, destacando-se, porém, as situações em que os acordos abrangem: 1) sucursais da multinacional na UE e no EEE (63 acordos); 2) sucursais sob o controlo da multinacional[26] (28 acordos); 3) sucursais localizadas na UE (25 acordos) (Quadro 17 e Gráfico 7).

QUADRO 17. Alcance geográfico dos acordos (sucursais abrangidas)

	UE	UE + EEE	Abrangidas pela Directiva	Identificadas em anexo ao acordo	Sob o controlo da multinacional	Sucursais com pelo menos 100 trabalhadores	Não referido
N	25	63	18	12	28	4	5
%	16,1%	40,6%	11,6%	7,7%	18,1%	2,6%	3,2%

Fonte: *European Works Councils Database*, 2006

GRÁFICO 7. Alcance geográfico dos acordos (sucursais abrangidas)

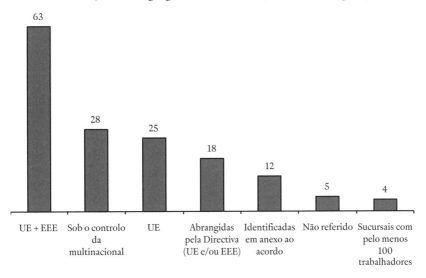

Fonte: *European Works Councils Database*, 2006

---

[26] A Directiva define um «Grupo de empresas» como um grupo composto pela empresa que exerce o controlo e pelas empresas controladas [art. 2º, nº 1, al. b)] e um

2.1.5. *Duração*

A validade dos acordos varia entre um período indefinido ou uma validade que vai de um a sete anos. No entanto, os acordos válidos por um período indefinido ou com uma duração de quatro anos são os casos mais salientes, com, respectivamente, 70 e 52 acordos (Gráfico 8). De assinalar a elevada percentagem, cerca de 40%, de acordos celebrados com base no artigo 13º, portanto numa base voluntária, com um período de duração indefinido. W. Buschak (2004: 72) refere, a este propósito, a necessidade de rever a Directiva de modo a que, entre outros melhoramentos, os acordos celebrados com base no artigo 13º que não prevejam um período de duração o passem a incluir. A renegociação de acordos aparece, de facto, como uma oportunidade para contemplar aspectos não incluídos inicialmente nos acordos voluntários.

GRÁFICO 8. Duração dos acordos

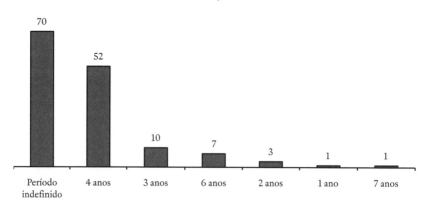

Fonte: *European Works Councils Database*, 2006

«Grupo de empresas de dimensão comunitária» como um grupo de empresas que preencha as seguintes condições: empregue, pelo menos, 1.000 trabalhadores nos Estados-membros; possua, pelo menos, duas empresas membros do grupo em Estados-membros diferentes; e inclua, pelo menos, uma empresa do grupo que empregue, no mínimo, 150 trabalhadores num Estado-membro e, pelo menos, outra empresa do grupo que empregue, pelo menos, 150 trabalhadores noutro Estado-membro [art. 2º, nº1, al. c)].

2.2. Composição, objectivos e competências

2.2.1. *Composição*

A questão da composição dos CEEs ocupa, regra geral, um espaço considerável tanto no *corpus* dos acordos como nos anexos, o que se pode explicar, segundo E. Béthoux (2004a: 27), pela importância de que, pelo viés da representatividade, se reveste esta questão para a legitimidade dos CEEs. O equilíbrio de forças entre representantes dos trabalhadores, representantes da entidade empregadora, representantes sindicais e representantes das diversas actividades e/ou sectores possivelmente existentes no seio de uma única multinacional afigura-se, pois, crucial para garantir a representatividade e a legitimidade dos CEEs.

Os CEEs instituídos com base nos acordos analisados são, na sua grande maioria, mistos (ou ditos de modelo francês), ou seja, compostos por representantes dos trabalhadores e por representantes da entidade empregadora[27] (86 acordos ou 56%). Os CEEs unilaterais (modelo germânico), compostos apenas por representantes dos trabalhadores representam, por sua vez, 40% dos acordos.

A composição dos CEEs com representantes portugueses é, deste modo, similar à composição dos CEEs em geral: de acordo com P. Kerckhofs (2006: 50), dos 784 CEEs existentes em 2005, 494 (ou 63%) eram mistos e 290 (ou 37%) seguiam o modelo germânico.

Relativamente às organizações sindicais, tanto nacionais como internacionais, apenas em sete casos estas integram explicitamente, note-se, a composição de CEEs unilaterais (2) ou mistos[28] (5) (Gráfico 9).[29] O único CEE de um grupo português, o Grupo BES, é composto unicamente por representantes dos trabalhadores.

---

[27] A representação por parte da entidade empregadora – membros dos CEEs, quando mistos, ou participantes nas reuniões, quando unilaterais – cabe, no geral, ao presidente da direcção da multinacional ou a representantes designados por este, assistidos ou não, por elementos à sua escolha (gestores de recursos humanos, relações públicas, etc.).

[28] Trata-se de CEEs constituídos com base no artigo 13º.

[29] As organizações sindicais referidas nos acordos são: a IUF (*International Union of Food, Agricultural, Hotel, Restaurant, Catering, Tobacco and Allied Workers' Associations*), a UNI (*Union Network International*), a UNI-Europa, e a SETA-UITA (*European Union of Catering & Hotel Workers and related branches*).

GRÁFICO 9. Composição dos CEEs

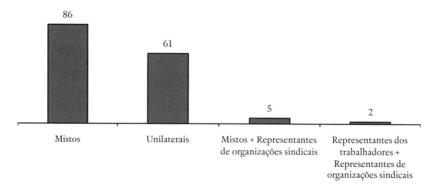

Fonte: *European Works Councils Database*, 2006

A opção por um modelo francês ou germânico é um bom indicador da influência das relações laborais nacionais onde se localizam os CEEs (Kerckhofs, 2006: 50). Tal como acontece na generalidade dos CEEs, os países com sistemas de representação dos trabalhadores de inspiração germânica adoptaram composições unilaterais (Alemanha, Áustria, Holanda, Itália). As multinacionais francesas e a maioria das multinacionais com sede fora do EEE optaram, por sua vez, pelo modelo misto (Gráfico 10).

GRÁFICO 10. Composição dos CEEs, por países da sede das multinacionais

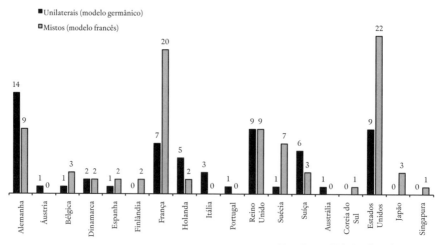

Fonte: *European Works Councils Database*, 2006

No que diz respeito aos sectores de actividade, e mantendo a distinção entre CEEs unilaterais e mistos, os dados mais salientes dizem respeito aos sectores Químico e dos Serviços indiscriminados, que optaram claramente pela composição de CEEs mistos. A repartição dos restantes sectores entre CEEs mistos e unilaterais é relativamente homogénea (Gráfico 11).

GRÁFICO 11. Composição dos CEEs, por sectores de actividade

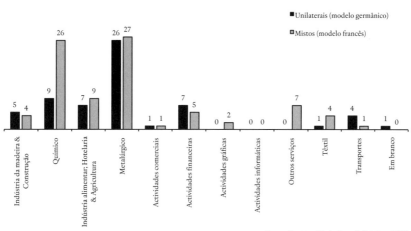

Fonte: *European Works Councils Database*, 2006

2.2.2. *Objectivos gerais*
No seu artigo 1º, a Directiva 94/45/CE define como sendo seu objectivo "melhorar o direito à informação e consulta dos trabalhadores nas empresas ou grupos de dimensão comunitária" (art. 1º, nº 1). Ora, na definição dos objectivos gerais dos CEEs, os acordos tendem a cingir-se à Directiva, definindo os CEEs como instrumentos de troca de informação e consulta sobre questões transnacionais com impacto considerável nos interesses dos trabalhadores.

2.2.3. *Competências*
Na análise das competências dos CEEs, consideram-se:
    1) as questões objecto de informação e consulta;
    2) a referência à oportunidade da informação e consulta;
    3) as questões expressamente excluídas da agenda;
    4) as recomendações relativamente aos CEEs; e
    5) a confidencialidade.

2.2.3.1. *Informação e consulta*

No capítulo da informação e consulta diversas questões podem ser levantadas, nomeadamente questões relacionadas: com a definição por parte dos representantes dos trabalhadores de uma estratégia de informação de forma a apresentar uma posição comum (Stoop, 1995; Costa, 1996); com as fontes de informação[30]; com a criação de redes informais; com a difusão de informação *inter* e *intra* CEEs; e a maior ou menor intensidade de contactos entre os membros dos CEEs e as estruturas de representação dos trabalhadores existentes a nível nacional (Marginson *et al.*, 1998). Em termos gerais, as questões gravitam em torno de três vectores principais: a quantidade de informação, a qualidade de informação e a oportunidade da informação; todos eles determinantes da garantia da qualidade da consulta e fundamentais para avaliar das dinâmicas de que são portadores os CEEs.

Nos acordos analisados, as questões objecto de informação e consulta em sede dos CEEs, respeitando o espírito da Directiva, ressalvam que estas devem incidir exclusivamente sobre questões transnacionais susceptíveis de afectar os interesses dos trabalhadores (art. 6º, nº 3). De maneira geral, o que se verifica é que as questões objecto de informação e consulta tendem a concentrar-se em torno da situação económica e financeira da multinacional, que aparece em todos os acordos. Questões relativamente *passivas*, na expressão de J. Waddington (2003: 312), uma vez que incidem sobre resultados e não sobre a definição de estratégias e acções pelas multinacionais. Aliás, como se verá mais adiante, na grande maioria dos casos, a reunião anual dos CEEs coincide com a apresentação anual dos resultados das multinacionais, o que provoca alguma insatisfação entre os representantes portugueses relativamente à quantidade e qualidade da informação.

As questões objecto de informação e consulta mais recorrentes nos acordos dizem respeito: à situação económica e financeira da multinacional; à estrutura e organização; à análise prospectiva; às principais alterações organizacionais e estruturais previstas; às principais tendências ao nível do emprego; aos projectos, investimentos e estratégias da multinacional; aos novos métodos de trabalho, de produção e às novas tecnologias; às transferências, deslocalizações, fusões, cisões, reduções de pessoal, despedimentos colectivos

---

[30] A questão das fontes de informação implica, por um lado, que os representantes dos trabalhadores saibam a quem se devem dirigir para obter as informações que julgam necessárias e, por outro, que saibam exactamente o que esperar relativamente ao conteúdo e natureza destas informações (Béthoux, 2004a: 25).

e encerramentos; e à produção e vendas (produtividade e competitividade). Por outro lado, questões como as condições de trabalho (remunerações, horários de trabalho, etc.); a formação profissional; a saúde, higiene e segurança no trabalho; o ambiente; a igualdade de oportunidades; a legislação europeia; e a representação sindical, só muito esporadicamente constam dos acordos.

Partindo deste leque de questões, é possível estabelecer uma distinção entre acordos que definem as questões a serem objecto de informação e consulta em sede dos CEEs de modo mais circunscrito à letra da Directiva e acordos mais abrangentes, ou seja, que vão para além do estabelecido na Directiva (Figura 5).[31]

FIGURA 5. Tipologia das questões objecto de informação e consulta

Acordos restritos	1	Situação económica e financeira
	2	Estrutura e organização
	3	Análise prospectiva
	4	Alterações organizacionais e estruturais
	5	Principais tendências ao nível do emprego
	6	Projectos, investimentos e estratégias
	7	Novos métodos de trabalho e produção/ novas tecnologias
	8	Transferências, deslocalizações, fusões, aquisições, etc.
	9	Produção e vendas
Acordos abrangentes	10	Condições de trabalho
	11	Formação profissional
	12	Segurança, higiene e saúde
	13	Ambiente
	14	Igualdade de oportunidades
	15	Legislação europeia
	16	Representação sindical

---

[31] Existem dois casos – *Air France European Group-Level Works Council* e *Air Liquide* – que, na definição destas questões, remetem directamente para a Directiva e outros catorze casos que não definem quaisquer questões a serem tratadas em sede dos CEEs.

A maioria dos acordos enquadra-se no primeiro grupo, com 88 acordos ou 57% (Gráfico 12), 14 dos quais são acordos que não definem as questões sobre as quais irá incidir a informação e consulta dos trabalhadores. A ausência de outras questões nas agendas dos CEEs revela, de acordo com J. Waddington (2003: 313), uma incapacidade por parte dos representantes dos trabalhadores para, no processo de negociação dos acordos, irem além dos requisitos da Directiva e poderá ter impactos distintos na forma como se irá desenvolver a prática ou dinâmica dos CEEs. Voltaremos mais adiante a esta questão. Convém, porém, desde já, ter em conta que quanto mais restrito for o leque de questões objecto de informação e consulta em sede dos CEEs maior será o desencanto relativamente à participação nessas instituições.

GRÁFICO 12. Acordos restritos e acordos abrangentes

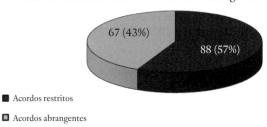

Fonte: *European Works Councils Database*, 2006

Olhando mais atentamente para os acordos abrangentes, o que se verifica é que esta abrangência se limita, para uma parte significativa dos acordos, a duas questões (29 acordos ou 43%) e a apenas uma questão (17 acordos ou 25%) da lista de questões incluídas na tipologia acima (Gráfico 13). As ques-

GRÁFICO 13. Acordos abrangentes, por número de questões incluídas

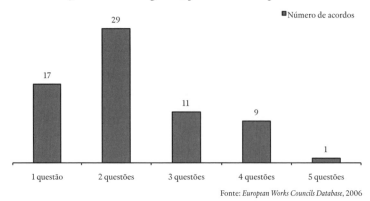

Fonte: *European Works Councils Database*, 2006

tões mais recorrentes dizem respeito à segurança, higiene e saúde no trabalho; ao ambiente; e à formação profissional. Questões com as condições de trabalho (salários, principalmente) e a igualdade de oportunidades são ainda uma raridade no leque das questões a serem debatidas em sede dos CEEs. Na análise da experiência dos representantes dos trabalhadores portugueses, veremos que as questões ligadas à segurança, higiene e saúde no trabalho são aquelas que, de forma mais significativa, expressam alguma capacidade de acção por parte dos CEEs.

A repartição de acordos restritos e abrangentes pelos países da sede das multinacionais é relativamente homogénea (Quadro 18). O mesmo acon-

QUADRO 18. Acordos restritos e abrangentes, por país da sede das multinacionais

Países		Acordos restritos	Acordos abrangentes
EEE	Alemanha	15	8
	Áustria	1	0
	Bélgica	1	3
	Dinamarca	2	2
	Espanha	2	1
	Finlândia	2	0
	França	18	13
	Holanda	3	4
	Itália	4	1
	Portugal	1	0
	Reino Unido	11	8
	Suécia	3	1
Fora do EEE	Suíça	7	6
	Austrália	0	1
	Coreia do Sul	1	0
	Estados Unidos	15	17
	Japão	1	2
	Singapura	1	0

Fonte: *European Works Councils Database*, 2006

tece relativamente aos sectores de actividade, destacando-se aqui a diferença significativa entre acordos restritos (35 acordos) e abrangentes (18 acordos) no sector Metalúrgico (Quadro 19). A formação profissional, a segurança, higiene e saúde no trabalho, e o ambiente são questões transversais a todos os sectores. As condições de trabalho aparecem unicamente no sector Metalúrgico e nas Actividades comerciais. A igualdade de oportunidades, por sua vez, aparece unicamente no sector financeiro e dos Serviços indiscriminados.

QUADRO 19. Acordos restritos e acordos abrangentes, por sectores de actividade

Sectores de actividade	Acordos restritos	Acordos abrangentes
Indústria da madeira & Construção	6	3
Químico	18	18
Indústria alimentar; Hotelaria & Agricultura	9	11
Metalúrgico	35	18
Actividades comerciais	1	2
Actividades financeiras	6	7
Actividades gráficas	2	0
Outros serviços	3	4
Têxtil	3	3
Transportes	4	1
Em branco	1	0

Fonte: *European Works Councils Database*, 2006

No que diz respeito ao tipo de acordo, destaca-se o número significativo de acordos restritos celebrados com base no artigo 6º e o número reduzido de acordos abrangentes resultantes de reformulações ou de revisões (Quadro 20). Tal indicia que, em termos de negociação de acordos, existe ainda uma grande fidelidade ao espírito da Directiva. A maior ou menor distância ou fidelidade na prática dos CEEs relativamente aos acordos constitui, por sinal, um bom indicador da necessidade de revisão da Directiva no sentido de acolher ou de provocar as mudanças (*Transfer*, 1999).

QUADRO 20. Acordos restritos e acordos abrangentes, por tipo de acordo

Tipo de acordo	Acordos restritos	Acordos abrangentes
Artigo 13º (acordos voluntários)	25	25
Artigo 13º (revisão de acordos existentes)	5	2
Artigo 13º (acordos reformulados ou pós-fusão)	18	16
Artigo 6º (acordos celebrados)	34	20
Artigo 6º (acordos reformulados ou pós-fusão)	5	4

Fonte: *European Works Councils Database*, 2006

2.2.3.2. *Oportunidade da informação e consulta*

A importância da consulta e o défice de consulta em sede dos CEEs constituem dois elementos que surgem lado a lado nos debates sobre a prática dos CEEs. Neste sentido, alguns estudos sobre CEEs têm vindo a apontar a qualidade e a oportunidade da informação como elementos decisivos para avaliar da eficácia destes mecanismos de informação e consulta, sugerindo que, a manter-se a tendência actual para a ausência de diálogo entre representantes dos trabalhadores e entidade empregadora numa fase preliminar a qualquer processo de decisão, o diálogo social previsto pela Directiva corre o risco de não passar de um monólogo. Segundo W. Buschak (2004: 68), a informação e a consulta são as principais atribuições dos CEEs e, porém, a oportunidade da informação e da consulta representam ainda o principal desafio que estes enfrentam. Subsistem, de facto, evidências de que as administrações das empresas não disponibilizam informação em tempo útil ou, em muitos casos, não disponibilizam mesmo qualquer informação.

Idênticos resultados foram apurados num inquérito aos representantes em CEEs conduzido em 2005 por J. Waddington (2006c: 7), realçando igualmente que, na prática da generalidade dos CEEs, a qualidade da informação e da consulta continuam a não coincidir com os objectivos estipulados pela Directiva.

Para colmatar esta lacuna a revisão da Directiva deveria contemplar uma definição de «informação» menos ambígua relativamente à questão da oportunidade e, simultaneamente, modificar a definição de «consulta» de modo a torná-la mais abrangente (Buschak, 2004; EIRR, 2004). A qualidade e oportunidade da informação e consulta representam, aliás, os pontos que reúnem maior consenso por parte dos representantes dos trabalhadores quando questionados sobre os aspectos da Directiva onde é mais urgente a sua revisão (Waddington, 2003: 322).[32]

De resto, a própria Directiva é, segundo W. Lecher (1998), ambígua relativamente a esta questão na medida em que se refere a esta apenas num dos considerandos do preâmbulo, onde se pode ler que "os representantes designados dos trabalhadores devem ser o mais rapidamente possível informados e consultados sobre um certo número de decisões que afectem significativamente os interesses dos trabalhadores".

São, porém, reduzidos os acordos que referem explicitamente ao facto da informação e consulta deverem ser realizadas em tempo útil, ou seja, previamente à tomada de qualquer decisão susceptível de afectar os interesses dos trabalhadores. Este facto, que vem reforçar as críticas ao modo como a consulta está a ser realizada pelas multinacionais (Buschak, 1999: 386-7; Wills, 2001: 191; 2004: 96; Hall, 2003: 6), é constatável em 49 acordos, que representam 32% dos acordos analisados. Uma minoria, portanto, perante os cerca de 70% de acordos que não referem a oportunidade de informação

---

[32] Nos acordos da *Diageo* (Reino Unido, indústria alimentar) e da *Lear Seating Corporation* (Estados Unidos, sector metalúrgico), por exemplo, são propostas definições da consulta que insistem simultaneamente nas questões da oportunidade e da eficácia da consulta, extravasando claramente os próprios termos da Directiva [art. 2º, al. f)]. O que estes acordos pretendem assegurar é, por um lado, que os CEEs sejam espaços de diálogo e, por outro, a possibilidade dos representantes dos trabalhadores intervirem efectivamente nos processos de decisão, ou seja, previamente à tomada de decisão.

(Gráfico 14). De resto, como veremos mais à frente, em alguns acordos encontra-se explicitamente estabelecido que direcção central e/ou respectivas sucursais permanecem os únicos órgãos competentes para implementar decisões.

GRÁFICO 14. Referência à oportunidade da informação e consulta

Fonte: *European Works Councils Database*, 2006

2.2.3.3. *Questões expressamente excluídas dos acordos*

Em 70 acordos (ou 45%) referem-se explicitamente as questões que não podem ser objecto de informação e consulta em sede dos CEEs. As matérias mais recorrentes dizem respeito: aos problemas relacionados com unidades nacionais isoladamente; às questões potencialmente prejudicais para a multinacional; à negociação colectiva; e às remunerações, compensações, benefícios e condições de trabalho em geral (Quadro 21).

QUADRO 21. Questões expressamente excluídas dos acordos

	N	%
Questões relacionadas com unidades nacionais	23	32,9%
Questões potencialmente prejudiciais para a multinacional	14	20%
Questões relacionadas com unidades nacionais + Questões potencialmente prejudiciais	6	8,6%
Questões relacionadas com unidades nacionais + Questões potencialmente prejudiciais + Remunerações, compensações, benefícios e condições de trabalho	5	7,1%
Questões relacionadas com unidades nacionais + Remunerações, compensações, benefícios e condições de trabalho	7	10%
Questões relacionadas com unidades nacionais + Negociação colectiva	2	2,9%
Outras situações*	13	18,6%

*Inclui combinações variáveis de questões expressamente excluídas (nacionais, potencialmente prejudiciais, negociação colectiva e condições de trabalho)

Sendo o objectivo da Directiva melhorar o direito dos trabalhadores à informação e consulta transnacionais, é compreensível que sejam mais frequentemente excluídas das agendas dos CEEs – e portanto das suas competências – as questões respeitantes às unidades nacionais (23 acordos ou 33%). De notar que, apesar desta reserva, alguns acordos salvaguardam a possibilidade de, em circunstâncias excepcionais (reestruturações, deslocalizações, encerramentos, despedimentos colectivos, etc.), se realizarem encontros entre os representantes dos trabalhadores da unidade afectada, os representantes dos trabalhadores do CEE e a direcção central. A própria Directiva prevê, de resto, a realização de reuniões extraordinárias para esse efeito.

Isoladamente ou associadas a outras questões, as matérias relativas às unidades nacionais são, porém, as mais referidas como sendo excluídas do âmbito de informação e consulta. Os representantes portugueses associam, como veremos, o défice qualitativo de informação em sede dos CEEs a um défice de informação relativamente às unidades nacionais.

Embora os acordos prevejam que os representantes dos trabalhadores nos CEEs, bem como os peritos ou convidados, devam manter confidenciais as informações comunicadas como tais durante e após o seu mandato, nalguns acordos as direcções centrais reservam-se o direito de não divulgar informação que possa ser potencialmente prejudicial para a multinacional (14 acordos ou 20%). Esta disposição está, aliás, salvaguardada na Directiva que prevê que "em casos específicos e nos termos e limites fixados na legislação nacional, cada Estado-membro deve dispor que a direcção central situada no seu território não é obrigada a comunicar as informações cuja natureza seja susceptível, segundo critérios objectivos, de entravar gravemente o funcionamento das empresas em causa ou de as prejudicar" (artigo 8º, nº 2). A confidencialidade torna-se problemática quando paralisante da acção dos representantes dos trabalhadores. Porém, os representantes reconhecem alguma legitimidade na não divulgação de informação potencialmente prejudicial para a multinacional. A exclusão de determinadas questões representa sobretudo um factor adicional na desvalorização da importância dos CEEs.

2.2.3.4. *Recomendações*

Designamos por *recomendações* as chamadas de atenção que aparecem nos textos dos acordos sobre as competências dos CEEs. Nos 64 acordos em que estas estão presentes, dizem respeito, primeiro, ao facto dos CEEs não substituírem os órgãos de representação dos trabalhadores existentes a nível nacional (43 acordos ou 67%), constituindo antes sistemas transnacionais de informação e consulta ajustados à estrutura transnacional das empresas. A segunda recomendação diz respeito ao facto dos CEEs não constituírem *fora* de tomada de decisão (12 acordos ou 18%).[33]

2.2.3.5. *Confidencialidade*

A questão da confidencialidade encontra-se prevista no artigo 8º da Directiva, designadamente no ponto 1, onde é dito que "os Estados-membros devem dispor que os membros do grupo especial de negociação e do conselho de empresa europeu, bem como os peritos que eventualmente os assistam, não são autorizados a revelar a terceiros as informações que lhes tenham sido expressamente comunicadas a título confidencial. O mesmo se aplica aos representantes dos trabalhadores no âmbito de um procedimento de informação e consulta. Esta obrigação mantém-se seja qual for o local em que os representantes se encontrem, mesmo após o termo dos respectivos mandatos".[34]

Olhando para os acordos, constata-se que a questão da confidencialidade se encontra explicitamente prevista em 137 dos 155 acordos, ou seja, em quase 90% dos acordos (Gráfico 15).

GRÁFICO 15. Confidencialidade

Fonte: *European Works Councils Database*, 2006

A confidencialidade suscita diversas questões. Destacam-se aqui as questões que dizem respeito ao sigilo inerente à estratégia das multinacionais e que os representantes dos trabalhadores reconhecem como necessário, e uma outra relativa à confidencialidade como obstáculo, simultaneamente, ao acesso e à

---

[33] Nove acordos fazem menção a ambas as recomendações.

[34] O dever de confidencialidade foi transposto para o direito interno português no artigo 458º do Código do Trabalho (Lei nº 99/2003, de 27 de Agosto 2003).

devolução da informação obtida em sede dos CEEs. Ou seja, o efeito paralisante da confidencialidade. No que diz respeito a este último aspecto, a limitação imposta pela confidencialidade à difusão de informação constitui um impedimento ao reconhecimento da acção dos representantes no CEEs pelo colectivo de trabalhadores, na medida em que a importância da participação dos representantes nos CEEs depende fortemente da visibilidade dos resultados a nível local.

2.2.4. *Despesas com o funcionamento dos Conselhos de Empresa Europeus*
De acordo com a alínea e) do art. $6^{\underline{o}}$ da Directiva, o conteúdo dos acordos deve incluir "os recursos financeiros e materiais a afectar ao conselho de empresa europeu". Na grande maioria dos acordos, a responsabilidade financeira pelo funcionamento dos CEEs cabe à direcção central (organização das reuniões, traduções, interpretações, etc.), enquanto que as despesas com os representantes dos trabalhadores (deslocações, alojamentos, etc.) são asseguradas por cada sucursal de acordo com as suas próprias práticas e regras. Menos frequente é a situação dos acordos que prevêem a atribuição aos CEEs de um montante anual fixo a ser gerido em função das necessidades de funcionamento (13 acordos).

Num estudo realizado por T. Weber *et al.* (2000) sobre os custos associados às reuniões dos CEEs, os autores identificaram uma hierarquia de custos. Assim, de maneira geral, as traduções e interpretações aparecem em primeiro lugar, logo seguidas das viagens, alimentação e estadias. Estas despesas representam cerca de 70% do custo total das reuniões, o que, em parte, ajuda a compreender a vontade das administrações em, por um lado, limitar a periodicidade das reuniões a uma única reunião anual e, por outro, a concentrar a formação profissional dos representantes nas competências linguísticas, principalmente o Inglês. Voltaremos mais adiante a estas questões.

2.2.5. *Conselhos Restritos*
Uma grande parte dos acordos, 125 (80%), prevê a existência de um Conselho Restrito, eleito pelos membros do CEE, variável na sua composição (número de representantes, unilaterais, mistos, etc.), na sua designação (comité, secretariado, etc.) e nas suas competências.

Assim, em 68 acordos (55%), ao Conselho Restrito é atribuída uma função de organização e administração do funcionamento dos CEEs (definir as datas das reuniões anuais, organizar as reuniões, definir a agenda, difundir os resultados das reuniões, assegurar contactos entre os membros do CEE, etc.). Por outro lado, 55 acordos (44%) atribuem uma função aos Conselhos Restritos que ultrapassa a coordenação e administração do CEE prevendo a possibilidade de este receber informação e se reunir com a direcção central regularmente e/ou em circunstâncias extraordinárias que afectem os interesses dos trabalhadores, mesmo que estas circunstâncias afectem apenas uma sucursal. Na prática, os Conselhos Restritos podem, igualmente, deslocar-se às sucursais das empresas abrangidas pelos acordos, nomeadamente em circunstâncias excepcionais.

Esta função acrescida reveste-se de particular importância na medida em que poderá impulsionar um maior dinamismo por parte dos CEEs (Gilman e Marginson, 2004: 97) e reduzir a probabilidade dos CEEs virem a assumir-se como meramente formais ou simbólicos (Marginson *et al.*, 1998: 76), ou seja, com uma inexistente ou reduzida actividade para além das reuniões anuais. A importância estratégica dos Conselhos Restritos tornar-se-á claramente patente na experiência dos representantes portugueses em CEEs.

2.3. Representantes e selecção dos representantes dos trabalhadores
Relativamente aos representantes dos trabalhadores e à sua selecção, são objecto de análise os seguintes pontos:

1) os critérios de atribuição dos lugares;
2) os requisitos necessários para se poder ser eleito/nomeado para a representação dos trabalhadores;
3) a duração dos mandatos;
4) a formação dos representantes; e
5) a protecção garantida aos representantes.

Para garantir a funcionalidade dos CEEs, 48 acordos (31%) estabelecem um limite máximo de representantes dos trabalhadores – que se situa, em média, em torno dos trinta representantes[35] (30 acordos) – desde que seja assegurada a efectiva representação dos trabalhadores abrangidos pelo acordo. A questão da repartição dos lugares no seio dos CEEs não se resume, porém, ao problema do equilíbrio geográfico ou nacional. Paralelamente a essa questão, encontram-se as questões do equilíbrio sindical (Costa, 2005; 2008) e da representação das diferentes actividades de uma dada multina-

---

[35] Este é, aliás, o número máximo de membros do Conselho de Empresa Europeu previsto no Anexo da Directiva.

cional. A organização da representação destas actividades e a instauração de um diálogo entre os seus representantes assume, deste modo, particular importância quer para a questão da representatividade do CEE, quer para o reforço da sua legitimidade (Béthoux, 2004a: 28). O caso do grupo americano *Sara Lee* é particularmente elucidativo, já que optou por criar um CEE para o sector Têxtil (*Courtaulds Textiles European Works Council*) e outro para o sector Agro-alimentar (*Sara Lee Processed Meats European Works Council*).

Uma vez que os critérios de atribuição de lugares pelos países onde a multinacional detém sucursais depende, na grande maioria dos acordos, do número de trabalhadores, parte dos acordos prevê que o limite máximo de representantes possa ser alterado caso se verifiquem mudanças significativas na estrutura de emprego da multinacional (fusões, aquisições, dissoluções, reestruturações, etc.). Os processos de reestruturação colocam, a este propósito, um duplo desafio aos CEEs: por um lado, ao nível da influência que os CEEs poderão ter efectivamente nos processos em curso (Béthoux, 2004b; Moreau, 2006) e, por outro, ao nível da influência que os processos de reestruturação terão nos CEEs.

Relativamente a este último, duas situações são admissíveis: primeiro, a estrutura do CEE não é posta em causa pelo processo de reestruturação, verificando-se, isso sim, alterações na sua composição (entrada de novos membros e/ou saída de outros) que poderão provocar uma instabilidade nas relações entre representantes. Segundo, a instabilidade na configuração da multinacional e a sua eventual reconfiguração poderá levar a uma reformulação ou mesmo a uma renegociação dos acordos e, consequentemente, à instauração de novos CEEs. No intervalo de tempo que vai da dissolução do CEE existente à instituição de um novo CEE não só a informação e a consulta transnacionais ficam suspensas, como fica também posto em causa todo o trabalho de cimentação das relações entre membros anteriormente conseguido. A permanência dos representantes é, aliás, um aspecto que suscita algum debate, na medida em que põe em tensão o princípio democrático da rotatividade dos representantes com o facto do funcionamento dos CEEs depender fortemente da criação de laços de confiança entre os seus membros (Wills, 2000).

A atribuição de lugares por país baseia-se maioritariamente (102 acordos ou 66%) na estrutura de emprego nacional (número de trabalhadores existentes a nível nacional). São deste modo definidos intervalos ou quotas, aumentando o número de representantes à medida que aumenta o intervalo de trabalhadores. Por exemplo, no caso do CEE da *Air France*, de 30 a 100 trabalhadores é atribuído 1 mandato; de 101 a 300, 2 mandatos; de 301 a 400,

3 mandatos; e mais de 401, 4 mandatos. Nestes casos, é comum os acordos estabelecerem um limiar, que se situa em geral em torno dos 100 trabalhadores, a partir do qual as sucursais abrangidas poderão eleger/nomear representantes para os CEEs. Outra situação possível para a distribuição de lugares consiste na definição de lugares fixos para cada uma das sucursais abrangidas pelo acordo, estando estes lugares, na grande maioria dos casos, estipulados em anexo ao acordo.

É frequente que os países da sede da multinacional reservem para si mesmos um número fixo de representantes. O acordo do CEE do Grupo BES, por exemplo, estabelece 10 mandatos para os representantes portugueses e um único para a representação espanhola. Como veremos, o protagonismo dos representantes dos trabalhadores das sedes das multinacionais dos CEEs – que deriva do acesso privilegiado à informação e do facto de, pela eleição/ nomeação de um maior número de representantes, assegurarem uma força maioritária no seio dos CEEs – suscita alguma crispação nas relações entre os membros dos CEEs e impulsiona a busca de alianças estratégicas entre membros como forma de repor alguma simetria nas relações de poder.

As regras para a eleição/nomeação de representantes para o país da sede poderão, pois, ser distintas das regras a aplicar nas respectivas sucursais. Na *Bayer*, por exemplo, para a atribuição do número de lugares é usado o sistema de quotas (mais de 1.000, 1 representante; 1.001 a 5.000, 4 representantes; 5.001 a 10.000, 5 representantes; e mais de 10.001, 6 representantes) para as sucursais do Grupo, enquanto que para a sede ficam reservados 10 lugares.

Os acordos estabelecem ainda determinados requisitos que os representantes devem cumprir para poderem ser eleitos/nomeados (Quadro 22). As situações mais frequentes são as seguintes:

1) em 68 acordos os representantes dos trabalhadores devem ser eleitos/nomeados de acordo com os procedimentos vigentes a nível nacional;

2) em 34 acordos devem ser eleitos/nomeados pelos órgãos de representação existentes a nível nacional ou, no caso de não existirem, de acordo com os procedimentos vigentes a nível nacional. A estes requisitos associam-se outros como um tempo de serviço que pode ir de um a três anos ou, com menor frequência, o domínio da língua inglesa.

QUADRO 22. Requisitos para a eleição/nomeação dos representantes dos trabalhadores

	Procedimentos vigentes a nível nacional	Procedimentos vigentes a nível nacional + Tempo de serviço 1 ano	Eleitos/nomeados pelos órgãos de representação existentes a nível nacional	Outras situações*	Não referido
N	68	26	34	3	24
%	43,9%	16,8%	21,9%	1,9%	15,5%

* Inclui situações em que são tidos como requisitos, por exemplo, o domínio da língua inglesa e um contrato de trabalho a tempo inteiro.

Nos 117 acordos onde é referida a duração dos mandatos, os representantes dos trabalhadores cumprem, maioritariamente, mandatos de quatro anos (76 acordos ou cerca de 50%). Seguidamente, os mandatos de três e de dois anos são as situações com maior expressão, respectivamente com 24 e 11 acordos. Apenas o acordo do grupo italiano *Generali* (Actividades financeiras) estabelece a duração de um mandato de seis anos e, no outro extremo, a multinacional norte-americana *Cooper Industries* (sector metalúrgico) mandatos de um único ano.

O cumprimento de mandatos longos pode conferir, na óptica de E. Béthoux (2004a: 29), alguma estabilidade nas relações entre os membros dos CEEs e, deste modo, ser potenciadora de coesão e unidade no seio dos CEEs.[36]

Relativamente ao modo como é avaliada a formação por parte dos representantes dos trabalhadores (Quadro 23), existem três situações em destaque

QUADRO 23. Formação dos representantes dos trabalhadores

	Indefinida	Necessária ao adequado desempenho de funções	Línguas	Outras situações*	Não referido
N	11	31	26	16	71
%	7,1%	20,0%	16,8%	10,3%	45,8%

* Inclui combinações diversas entre: a formação em línguas; questões económicas, jurídicas e sociais europeias; e a estrutura e actividades da multinacional

---

[36] O acordo da multinacional holandesa *Akzo-Nobel* (sector químico), por exemplo, refere-se explicitamente a este facto estabelecendo mandatos de quatro anos como a única forma de assegurar continuidade e de garantir uma participação eficiente por parte dos representantes.

nos acordos analisados. Em primeiro lugar, o elevado número de acordos (71) que não fazem menção à formação dos representantes. Em segundo lugar, a referência à formação de forma ambígua: aquela que é necessária para que os representantes desempenhem adequadamente as sua funções no âmbito dos CEEs (31 acordos). E, finalmente, a formação em Línguas que aparece isoladamente em 26 acordos e associada a outras áreas de formação em 8 dos 16 acordos que integram as formações classificadas como «outras situações». Como veremos mais à frente, a Língua Inglesa é, na grande maioria dos acordos, a língua *franca* dos CEEs, pelo que a formação nesta área tem como principais objectivos, primeiro, conferir maior funcionalidade aos CEEs e, segundo, reduzir as despesas com a tradução de documentos e com a interpretação simultânea quando das reuniões.

Finalmente, o artigo 10º da Directiva prevê que os membros do GEN ou dos CEEs gozem, no exercício das suas funções, de protecções e garantias semelhantes às previstas para os representantes dos trabalhadores na legislação e/ou práticas nacionais. Tal inclui, por exemplo, o pagamento das horas de trabalho durante os períodos de ausência necessários ao exercício de funções relacionadas com os CEEs. A questão da protecção dos representantes dos trabalhadores, salvaguardada na Directiva, encontra-se prevista em 99 acordos, ou seja, em cerca de 64% dos acordos.

2.4. Reuniões dos Conselhos de Empresa Europeus

2.4.1. *Reuniões ordinárias, preparatórias, posteriores e reuniões extraordinárias*
A grande maioria dos acordos (126 ou 81,2%) prevê a realização de uma única reunião anual, nalguns casos coincidente com a apresentação do balanço anual da multinacional, cuja duração só excepcionalmente excede um dia e que nunca se estende por mais de dois dias (Quadro 24). A periodicidade das reuniões, quando limitadas a uma única reunião anual, é um dos aspectos avaliado como negativo pelos representantes dos trabalhadores.

QUADRO 24. Frequência das reuniões ordinárias dos CEEs

	1 vez por ano	2 vezes por ano	4 vezes por ano	Não referido
N	126	27	2	0
%	81,3%	17,4%	1,3%	0,0%

Fonte: *European Works Councils Database*, 2006

AS VOZES DO TRABALHO NAS MULTINACIONAIS

A regularidade de contactos entre representantes dos trabalhadores, fundamental para criar laços, fortalecer a confiança entre os membros, desenvolver uma coesão interna (Telljohann, 2005b), dependerá fortemente dos contactos para além das reuniões. Contactos que, por sua vez, transportam para a discussão as questões do acesso e domínio, por parte dos representantes, das tecnologias de informação e comunicação e do domínio de outras línguas para além da materna. As redes de contactos, consideradas como fundamentais para garantir dinamismo aos CEEs, dependem, deste modo, igualmente, das características individuais dos representantes. Aprofundaremos esta questão no capítulo 4 quando procederemos à caracterização sociográfica dos representantes portugueses em CEEs e à análise das implicações do perfil dos representantes para o seu desempenho em sede dos CEEs.

Uma parte significativa dos acordos prevê apenas a realização de reuniões preparatórias à reunião anual (97 acordos ou 62,6%) e menos frequentemente a possibilidade dos representantes dos trabalhadores realizarem reuniões quer anteriores quer posteriores à reunião anual (42 acordos ou 27,1%) (Quadro 25). A possibilidade dos representantes se encontrarem previamente à reunião formal, já com a presença dos representantes da entidade empregadora, é uma mais-valia do ponto de vista dos representantes portugueses.

QUADRO 25. Reuniões preparatórias e posteriores

	Preparatórias	Posteriores	Preparatórias + Posteriores	Não referido
N	97	2	42	14
%	62,6%	1,3%	27,1%	9,0%

Fonte: *European Works Councils Database*, 2006

As reuniões extraordinárias, reservadas a circunstâncias excepcionais que possam ter efeitos consideráveis nos interesses dos trabalhadores, encontram-se previstas em 119 acordos (77%), havendo apenas 36 acordos (23%) onde estas não são referidas.

2.4.2. *Língua* franca, *tradução de documentos e interpretação simultânea*

Relativamente à língua de referência ou de trabalho dos CEEs, os acordos reflectem, por um lado, a variedade linguística da Europa e a predominância do Inglês, do Alemão e do Francês no espaço europeu[37] e, por outro, o facto do Inglês se ter tornado a língua *franca* das relações laborais transnacionais na Europa e a língua por excelência do capitalismo internacional (Crystal, 1997; Miller *et al.*, 2000: 312).

A língua nativa do país da sede da multinacional é, na grande maioria dos casos, a língua de referência do respectivo CEE (92 acordos ou cerca de 60%). Nos casos em que a língua de referência dos CEEs é diferente da língua do país da sede (31 acordos) e nos casos em que à língua do país da sede se associa outra língua (20 acordos), é a Língua Inglesa que serve, regra geral, de língua de trabalho, quer nas reuniões quer na documentação difundida pelos CEEs (Quadros 26 e 27). Este parece ser, aliás, uma das características partilhadas pela generalidade dos CEEs (Tully, 2004).

QUADRO 26. Língua de referência

	Igual à do país da sede	Diferente da do país da sede	Igual à do país da sede + Outra Língua	Não referido
N	92	31	20	12
%	59,4%	20%	12,9%	7,7%

Fonte: *European Works Councils Database*, 2006

---

[37] Dados da Comissão Europeia (2005) sobre o domínio por parte dos europeus de uma ou mais línguas estrangeiras para além da língua materna, recolhidos através de um inquérito do Eurobarómetro de 2001, davam conta que 22% da população portuguesa afirmava falar Inglês, 16% Francês e 3% Alemão. O Eurobarómetro 63.4 de 2005, subordinado à *Europa e às Línguas*, revela, por sua vez, que 64% dos portugueses inquiridos dominam apenas a sua língua materna. O estudo indica ainda que as competências linguísticas dos respondentes europeus tendem a aumentar com o nível de habilitações e a diminuir com a idade (Eurobarometer, 2005)

QUADRO 27. Língua de referência, por país da sede das multinacionais

	Países	Acordos	Igual à do país da sede	Diferente da do país da sede	Igual à do país da sede + outra(s) Língua(s)	Outra(s) línguas	Não referido
EEE	Alemanha	23	17	1	2	Inglês + Português*	3
	Áustria	1	1	0	0	–	0
	Bélgica	4	2	2	0	Inglês	0
	Dinamarca	4	0	2	1	Inglês	1
	Espanha	3	2	1	0	Inglês	0
	Finlândia	2	0	1	1	Inglês	0
	França	31	20	2	5	Inglês	4
	Holanda	7	0	6	1	Inglês	0
	Itália	5	3	0	1	Inglês	1
	Portugal	1	1	0	0	–	0
	Reino Unido	19	18	0	1	Escandinavo	0
	Suécia	4	0	2	1	Inglês	1
Fora do EEE	Suíça	13	2	7	3	Inglês	1
	Austrália	1	0	0	1	Alemão	0
	Coreia do Sul	1	0	1	0	Inglês	0
	Estados Unidos	32	26	2	3	Diversas**	1
	Japão	3	0	3	0	Inglês	0
	Singapura	1	0	1	0	Francês	0

* *Rohde European Works Council*, grupo alemão do sector têxtil; ** Alemão + Castelhano + Francês + Holandês

Nos 97 acordos onde se encontra prevista a tradução e a interpretação – uma parte significativa dos acordos – esta assume duas formas principais: 1) é prevista para todas as línguas dos países onde a multinacional detém sucursais; 2) inclui somente algumas línguas, em geral, das sucursais com maior número de trabalhadores (Quadro 28).

QUADRO 28. Tradução e interpretação

	Prevista	Prevista parcialmente*	Outras situações**	Não referido
N	97	22	4	32
%	62,6%	14,2%	2,6%	20,6%

Fonte: *European Works Councils Database*, 2006

* Reporta-se aos casos em que a interpretação e/ou a tradução de documentos se encontra limitada a um número restrito de línguas

** Inclui situações como a disponibilidade de interpretação apenas nas duas primeiras reuniões (1 acordo), apenas de parte das reuniões e dos documentos (1 acordo), e por um período de três anos (2 acordos)

É a preponderância da Língua Inglesa que explica que a formação para os representantes dos trabalhadores com assento nos CEEs seja quase exclusivamente centrada na aquisição de competências nessa Língua. A este propósito, num estudo realizado por B. Tully (2004) onde foram conduzidas entrevistas com representantes dos trabalhadores de diversos países, foi frequentemente realçado o facto dos representantes dos países do Sul da Europa (Espanha, Portugal, Itália e Grécia) apresentarem menores competências linguísticas. A língua poderá, pois, para os países do Sul da Europa, funcionar como um factor de marginalização (Miller *et al.*, 2000: 314; Stirling e Fitzgerald, 2001; Stirling e Tully, 2004). Os termos podem parecer excessivos, porém, a experiência dos representantes portugueses revela que o défice de competências linguísticas representa, de facto, uma limitação para a sua participação.

2.4.3. *Peritos*

A Directiva prevê, no ponto 4 do artigo 5º, a possibilidade do Grupo Especial de Negociação ser assistido por peritos à sua escolha para efeitos de negociação. A figura dos peritos encontra-se igualmente presente para o acompanhamento das reuniões dos CEEs. A generalidade dos acordos analisados prevê, de facto, a possibilidade dos representantes dos trabalhadores convidarem um perito para assistir às reuniões (127 acordos). Na grande maioria dos acordos, estes não se encontram definidos (95 acordos), noutros é explicitamente prevista a possibilidade dos peritos poderem ou não pertencer a uma organização sindical (26), enquanto apenas uma minoria de acordos (6) prevê que os peritos sejam exclusivamente membros de uma organização sindical (Quadro 29).

QUADRO 29. Peritos

	Indefinidos	Representantes de organizações sindicais	Indefinidos + Representantes de organizações sindicais	Não referido
N	95	6	26	28
%	61,3%	3,9%	16,8%	18,1%

Fonte: *European Works Councils Database*, 2006

Na prática dos CEEs, a presença dos peritos é, porém, escassa. No caso dos representantes portugueses, a importância dos peritos coloca-se de forma tanto mais significativa quanto é avaliado como excessivamente técnica a informação difundida em sede dos CEEs. O papel que estes reservam aos peritos é, pois, o de poderem funcionar como *tradutores* da informação.

*

*   *

Embora alguns autores sustentem a existência de uma relação entre as prescrições negociadas num acordo e as práticas que se desenvolvem subsequentemente (Marginson *et al.*, 1998; Carley e Marginson, 2000; Gilman e Marginson, 2004), para outros a letra dos acordos e as dinâmicas de que os CEEs são portadores não são necessariamente coincidentes (Ramsay, 1997; Blanpain, 1998; Paternotre, 1998; Waddington, 2003; Wills, 2004; Telljhoann, 2005b).

Diversos factores intervêm no processo de afirmação de um dado CEE. A negociação do acordo representará um momento importante – na medida em que poderá, à partida, condicionar o funcionamento do CEE – a associar a outros elementos como sejam a dinâmica interna gerada pelo próprio CEE ou as influências externas que condicionam a sua acção (Lecher *et al.*, 2001a; 2001b).

Encontra-se, pois, alguma unanimidade na consideração da diversidade de experiências como sendo uma das marcas mais salientes que emerge do funcionamento dos CEEs (Hyman, 2000; Kerckhofs, 2003; Waddington, 2003). Como salienta R. Hyman (2000), as instituições evoluem, o que significa que a dinâmica de um dado CEE se irá consolidar, acima de tudo, na prática. Justifica-se, por isso, que a análise da dimensão formal dos CEEs – os acordos – seja complementada com uma análise da sua dimensão qualitativa, ou seja, com a avaliação que os representantes dos trabalhadores eleitos/ nomeados para os CEEs fazem da sua experiência, da eficácia e das potencialidades dos CEEs. É deste aspecto que trataremos no capítulo 4.

CAPÍTULO 4

AS EXPERIÊNCIAS DOS REPRESENTANTES PORTUGUESES EM CONSELHOS DE EMPRESA EUROPEUS

Em termos quantitativos, o número de CEEs estabelecidos face ao número de multinacionais em condições de os constituir sugere claramente que a Directiva tem ainda um longo caminho a percorrer. Todavia, a temática dos CEEs não se resume a uma questão de números. À emergência da Directiva estão, de facto, associadas um conjunto de expectativas – nomeadamente em relação às suas potencialidades em termos de europeização do diálogo social (Paternotre, 1998), de incremento da democracia laboral (Buschak, 1995), do estabelecimento de redes de comunicação entre representantes dos trabalhadores e estruturas de representação (Wills, 2000) e de um renovado fôlego (e desafio) para a acção sindical e para a reivindicação colectiva (Lecher *et al.*, 1999; Wills, 2004; Telljhoann, 2005a) –, que impedem que esta possa ser olhada unicamente pelo prisma da sua aplicação.

Embora o maior ou menor sucesso na aplicação da Directiva constitua um elemento importante na análise dos CEEs, não será, talvez, o mais relevante. É nessa medida que postulamos a necessidade de apreender os CEEs a partir de diversos prismas. A par da dimensão quantitativa dos CEEs – a qual remete para a efectividade da aplicação Directiva –, deve ainda considerar-se a constituição formal dos CEEs, ou seja, os processos de negociação dos acordos e os acordos de CEEs em si, abordada no capítulo 3. A negociação e formalização dos acordos devem ser, todavia, associadas a outros elementos, como sejam a dinâmica interna gerada pelos próprios CEEs (Gilman e Marginson, 2004; Wills, 2004; Telljhoann, 2005b) ou as influências externas que condicionam a sua acção (Lecher *et al.*, 2001a).

Com a referência aos factores que influenciam o funcionamento dos CEEs entramos no tópico a ser tratado neste capítulo. Em nossa opinião, o *funcionamento* dos CEEs (definido aquando da negociação do acordo, pelo enquadramento normativo do acordo e afinado com a prática), a sua *eficácia* (definida pela capacidade dos CEEs para cumprirem o seu duplo objectivo de informação e consulta) e as suas *possibilidades práticas* (definidas pelos resultados e pela capacidade dos CEEs para impulsionarem uma acção e atingirem objectivos que extravasem os seu quadro normativo de funcionamento) dependerão, entre outros factores, da dinâmica que os actores que participam nos CEEs forem capazes de lhes imprimir.

1. O perfil sociográfico dos representantes portugueses em Conselhos de Empresa Europeus e as suas implicações

A caracterização sociográfica dos representantes dos trabalhadores, embora pouco recorrente nas análises dos CEEs, afigura-se importante na medida em que, ao debruçar-se sobre as propriedades sociais dos membros dos CEEs, é susceptível de lançar luz sobre alguns dos factores que condicionam a sua participação e, consequentemente, a acção dos CEEs. Este exercício revelou-se fundamental para compreender as experiências dos representantes portugueses em CEEs que abordaremos posteriormente.

O perfil sociográfico dos representantes portugueses foi apurado através de um inquérito aplicado no momento das entrevistas a 37 representantes de trabalhadores em CEEs e considerou aspectos como: o sexo, a idade, o nível de instrução, a antiguidade na empresa, o tipo de vínculo contratual, as categorias profissionais, a participação em organizações de representação dos trabalhadores, e as competências linguísticas dos representantes.

Dito isto, quanto à variável "sexo", constata-se que 73,8% dos representantes são do sexo masculino, contra 26,2% do sexo feminino (Gráfico 16).

GRÁFICO 16. Distribuição por sexo dos representantes portugueses inquiridos

Esta é, aliás, uma situação comum à grande maioria dos CEEs (Waddington, 2005; 2006a; 2006b). A nossa hipótese é a de que a "masculinização" dos CEEs em Portugal reflectirá a sub-representação das mulheres igualmente patente nos cargos de decisão das principais organizações representativas de trabalhadores: as organizações sindicais.

De facto, de acordo com a CGTP-IN (2005), em 2004 o número de sindicalizações foi de 46.768, 59,1% das quais correspondem a mulheres e 40,9% a homens. Sobre a eleição de delegados/as sindicais, no total de 3.346 eleitos, existem 57,3% mulheres e 42,7% homens. Em relação à eleição de representantes para as Comissões de Saúde, Higiene e Segurança no Trabalho, no total de 178 eleitos, 67,2% são homens e 32,8% mulheres. Estes números sobre a participação das mulheres não têm, contudo, a correspondência efectiva nas eleições para os órgãos de direcção sindical. Num estudo realizado pela CGTP-IN sobre as eleições para os órgãos de direcção central dos sindicatos entre 1990 e 2004, revelou uma sub-representação das mulheres nos cargos de decisão que não reflecte nem o peso efectivo das mulheres na sindicalização, nem a elevada taxa de eleição de delegadas sindicais (CGTP-IN, 2005).

A este dado deve, porém, acrescentar-se um outro que tem a ver com as próprias exigências da participação em CEEs, que implicam deslocações ao estrangeiro, no mínimo, uma vez por ano, e com a indisponibilidade para acumular funções, já identificada como um obstáculo à constituição de CEEs em multinacionais com sede em Portugal.

> *Posso dizer que ninguém quer ir ao CEE. Nós estamos com um problema graviss-simo... Há dois anos prontifiquei-me a ir e tenho-me sempre prontificado porque não quero deixar acabar uma coisa que é pena. Para já porque é um mundo de mulheres. Têm os filhos, têm os maridos e não é muito fácil para uma mulher ir quatro dias para fora, por exemplo, ou dois dias... São os filhos, os maridos, cada um tem a sua vida. E então eu vou, prontifico-me a ir porque as pessoas que realmente foram eleitas, umas já saíram da empresa e outras não vão devido a problemas pes-soais, e estamos com este problema de ninguém querer ir.*
> (Representante dos trabalhadores do CEE da Triumph, 25.01.2007)

Por sua vez, a distribuição de homens e mulheres por sectores de actividade reflecte claramente a maior presença e participação feminina em sectores como o Têxtil, a Indústria alimentar e Hotelaria, e a maior presença e participação masculina em sectores com o Metalúrgico (Quadro 30).

QUADRO 30. Distribuição por sexo e sector de actividade dos representantes portugueses inquiridos

	Masculino	Feminino	Total
Indústria alimentar & Hotelaria	3	3	6
Actividades comerciais	1	1	2
Actividades financeiras	7	1	8
Actividades gráficas	1	0	1
Sector metalúrgico	12	0	12
Sector químico	7	0	7
Serviços indiscriminados*	0	1	1
Sector têxtil	0	4	4
Transportes	0	1	1
Total	31	11	42

* Empresa de serviços: gestão e manutenção de edifícios, controlo de estruturas, higiene alimentar, projecto e manutenção de espaços verdes, etc.

A estrutura etária dos representantes nos CEEs é relativamente "madura", como se atesta pelo facto de 38,1% dos representantes se situar no escalão etário entre os 41 e 50 anos e 33,3% no escalão entre os 51 e os 60 anos, o que significa que quase ²/₃ dos representantes (71,4%) possui mais de 40 anos. Em contraponto, apenas 26,2% dos representantes possui entre 31 e 40 anos, sendo praticamente residual (2,4%) o número de representantes entre os 20 e 30 anos (Gráfico 17).

GRÁFICO 17. Distribuição por grupo etário dos representantes portugueses inquiridos

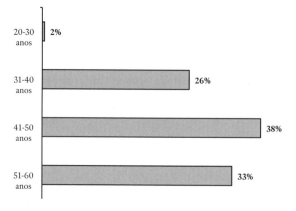

AS EXPERIÊNCIAS DOS REPRESENTANTES PORTUGUESES EM CONSELHOS DE EMPRESA EUROPEUS

Refira-se ainda que, em resultado do cruzamento das variáveis sexo e idade, o peso percentual dos homens nos escalões mais envelhecidos é mais notório, ao passo que a distribuição feminina por escalões etários se encontra repartida de forma mais equitativa pelos escalões dos 31-40 anos e dos 41-50 anos (Quadro 31).

QUADRO 31. Sexo dos inquiridos por grupos etários

	20-30 anos	31-40 anos	41-50 anos	51-60 anos	Total
Masculino	1	6	11	13	31
Feminino	0	5	5	1	11
Total	1	11	16	14	42

O facto dos representantes portugueses em CEEs ocuparem os escalões etários mais elevados articula-se de perto com duas outras variáveis: o tipo de "vínculo contratual" e a "antiguidade na empresa".

Quanto ao tipo de vínculo de trabalho, 100% dos representantes declararam possuir um contrato sem termo. Esta situação autoriza-nos a pensar que a predisposição para participar em CEEs, como de resto parece acontecer com a participação em outras organizações de representação dos trabalhadores, varia na razão directa da estabilidade e segurança propiciada pela relação de trabalho. Esta constatação será particularmente válida para os jovens, como se atesta pelas palavras da representante da comissão de trabalhadores de uma empresa portuguesa que, apesar de se encontrar abrangida pela Directiva, não institui qualquer mecanismo de informação e consulta transnacional dos trabalhadores:

> Para nós seria muito bom ter jovens trabalhadores a participar, mas os jovens trabalhadores que entram são contratados e, portanto, não se metem. Outros que lá andam, não são trabalhadores da empresa mas de empreiteiros e esses nem pensar. Outros jovens que entram são licenciados e vão para postos de responsabilidade e são-lhes atribuídos objectivos que eles têm de cumprir. Daí também o défice de participação interna, do qual os CEEs acabam por sofrer. (Representante da Comissão de Trabalhadores da CIMPOR, 27.09.2006).

A antiguidade na empresa foi outro dos critérios considerados. A maior parte dos representantes (38,1%) apresenta entre 11 e 20 anos de trabalho na empresa, sendo igualmente significativo (23,8%) o número de representantes que se encontra a trabalhar na empresa entre 21 e 30 anos. Além disso, se a este escalão somarmos ainda os 14,3% que trabalham na empresa há pelo menos 31 anos, constatamos que 38,1% dos representantes em CEEs têm vínculos com a empresa há pelo menos duas décadas (Gráfico 18).

GRÁFICO 18. Antiguidade na empresa dos representantes portugueses inquiridos

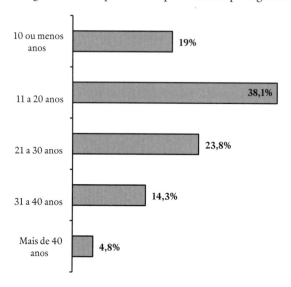

Ainda assim, a estabilidade contratual dos representantes entrevistados e os anos de trabalho na empresa não são necessariamente sinónimo de desempenho de funções de chefia na empresa. Isto é, quando questionados se, no exercício da sua profissão, desempenham funções de chefia, 81% dos representantes respondeu negativamente, 16,7% responderam que ocupam funções de chefia como quadros intermédios e apenas 2,4% que exercem funções de chefia como quadros superiores (Quadro 32).

QUADRO 32. Exercício de funções de chefia por parte dos representantes portugueses inquiridos

	Frequência	%
Quadro superior	1	2,4
Quadro intermédio	7	16,7
Não	34	81
Total	42	100

Considerando agora o nível de instrução, o que se constata é uma baixa escolarização dos representantes em CEEs. No total, 85,7% dos representantes não completou o 12º ano. Destes, realçam-se dois valores mais significativos: 28,6% só completou o 5º ano do liceu (9º ano) e 38,1% completou o 7º ano de liceu (12º ano). É, por isso, escasso (7,1%) o número de representantes que completou um curso médio ou superior (Gráfico 19). Registe-se, ainda, que os representantes mais escolarizados pertencem ao sector das actividades financeiras, no qual se concentram todos os representantes com curso superior.

GRÁFICO 19. Nível de instrução dos representantes portugueses inquiridos

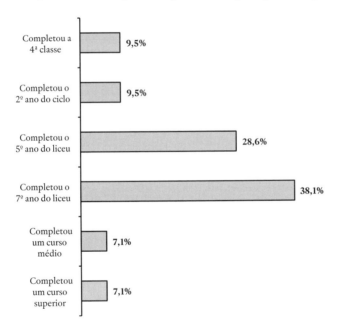

A via pela qual os representantes dos CEEs ocupam o seu lugar nestas instituições é feita, regra geral, pela pertença a outras organizações de representação dos trabalhadores existentes na empresa a nível local. Os representantes são, pois, no caso em análise, eleitos/nomeados por via das estruturas sindicais ou das comissões de trabalhadores. Recorde-se que análise dos acordos de CEEs onde participam representantes portugueses permitiu apurar que as situações mais frequentes em termos de requisitos para a eleição/

nomeação dos representantes assumem duas formas principais: 1) em 43,9% dos acordos, os representantes dos trabalhadores devem ser eleitos/nomeados de acordo com os procedimentos vigentes a nível nacional; e 2) em 21,9% dos acordos os representantes devem ser eleitos/nomeados pelas estruturas de representação existentes na empresa a nível nacional.

O peso das estruturas sindicais sobressai claramente nos CEEs, como o atestam os 95% de representantes filiados em sindicatos (Quadro 33). Os sindicatos são, de resto, as estruturas de representação às quais os inquiridos mais significativamente afirmam dedicar-se (Quadro 34).

QUADRO 33. Filiação sindical dos representantes portugueses inquiridos

	Frequência	%
Sim	40	95,2
Não	2	4,8
Total	42	100

QUADRO 34. ORT à qual os representantes portugueses inquiridos de dedicam

	Frequência	%
Ao Sindicato	27	64,3
À Comissão de Trabalhadores	13	31,0
A nenhum deles	2	4,8
Total	42	100

De realçar, ainda, que existe um número significativo de inquiridos que afirmam dedicar-se simultaneamente ao sindicato e à comissão de trabalhadores (37,5%), o que, se se adicionar a pertença ao CEE, representa uma tripla participação em estruturas de representação dos trabalhadores. São várias as entrevistas com representantes portugueses em CEEs onde é realçada a importância da pertença simultânea aos CEEs e às organizações de representação dos trabalhadores a nível nacional. No entanto, é igualmente realçado que essa participação simultânea seria tanto mais positiva quanto fosse possível aos representantes dedicarem-se à actividade sindical a tempo inteiro. Não é, porém, este o caso nem para os representantes pertencentes a asso-

AS EXPERIÊNCIAS DOS REPRESENTANTES PORTUGUESES EM CONSELHOS DE EMPRESA EUROPEUS

ciações sindicais (Quadro 35), nem para os representantes pertencentes a comissões de trabalhadores (Quadro 36).

QUADRO 35. Representantes portugueses inquiridos dedicam-se ao sindicato...

	Frequência	%
A tempo inteiro	6	14,3
Recorrendo ao crédito de horas	21	52,4
Total	27	66,7
Não se aplica	15	33,3
Total	42	100

QUADRO 36. Representantes portugueses inquiridos dedicam-se à comissão de trabalhadores...

	Frequência	%
A tempo inteiro	1	2,4
Recorrendo ao crédito de horas	12	26,2
Total	13	28,6
Não se aplica	29	71,4
Total	42	100

Este é, aliás, um aspecto recorrentemente apontado para diferenciar o *voluntarismo* do sindicalismo português face a países como a França ou a Alemanha, ou mesmo a Espanha[38], que apresentam estruturas sindicais mais *profissionais*. Este facto terá obviamente repercussões na própria natureza da

---

[38] H.-D. Köhler e S. Begega (2007) descrevem um tipo de participação dos representantes espanhóis muito semelhante à participação portuguesa. Facto que não deixa de ser surpreendente, já que os representantes portugueses recorrem frequentemente à participação espanhola para destacar o seu *profissionalismo* face ao *amadorismo* da participação portuguesa.

participação dos representantes em CEEs e deve ser lido, ainda, à luz de um relativo descomprometimento das principais confederações sindicais portuguesas relativamente aos CEEs. Uma desvalorização das competências e potencialidades dessas instituições que impede, à partida, uma maior investimento nos CEEs.

> *A profissionalização é positiva porque nos permite acompanhar muitas coisas, estudar, etc., mas é negativa porque nos pode afastar da reali-dade. O voluntarismo não nos permite adquirir um volume tão grande de conhecimentos, mas estamos em cima dos acontecimentos e, muitas vezes, conseguimos adivinhar as coisas antes de elas acontecerem. [...] Por muito que nos custe, hoje, se o sindicalismo não for exercido a tempo inteiro implica grandes perdas em termos de conhecimentos, de capacidade de debate, de argumentação. Só com grande sacrifício é que seria possível acompanhar a evolução da empresa e do próprio mercado. Claro que quando se está a tempo inteiro, depois colhe-se os frutos disso* (Representante dos trabalhadores do CEE da Allianz, 2.02.2007).

Apesar dos níveis de escolarização dos representantes serem relativamente baixos, registe-se, ainda assim, que 54,8% dos representantes afirmou possuir competências linguísticas para além da língua materna (Gráfico 20).

GRÁFICO 20. Competências linguísticas dos representantes portugueses inquiridos

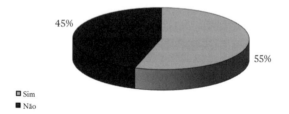

Dos representantes que afirmam possuir competências linguísticas, a maior percentagem (21,4%) assegura dominar uma língua para além da língua materna, sendo que a segunda maior percentagem (16,7%) refere que domina duas línguas para além da língua materna (Quadro 37). As línguas mais referidas são o Inglês e, menos surpreendentemente, o Castelhano, logo seguido do Francês (Quadro 38).

QUADRO 37. Número de línguas para além da língua materna

	Frequência	%
Uma língua	9	21,4
Duas línguas	7	16,7
Três línguas	5	11,9
Quatro ou mais línguas	2	4,8
Total	23	54,8
Não se aplica	19	45,2
Total	42	100

QUADRO 38. Línguas mais referidas

	Inglês		Francês		Alemão		Castelhano		Italiano	
	N	%	N	%	N	%	N	%	N	%
Sim	17	40,5	10	23,8	3	7,1	14	33,3	3	7,1
Não	6	14,3	13	28,6	20	45,2	9	21,4	20	45,2

A comunicação constitui um elemento central do funcionamento dos CEEs (Tully, 2004). Deste modo, a par do acesso e domínio das tecnologias de informação e comunicação, o domínio de outras línguas para além da materna surge como um elemento crucial para a construção de redes de comunicação formais, *intra* e *inter* CEEs, mas igualmente para a construção de redes informais. A regularidade dos contactos entre representantes dos trabalhadores, principalmente nos períodos que medeiam as reuniões dos CEEs, afigura-se fundamental para criar laços e fortalecer a confiança. Se, à partida, uma grande parte dos acordos salvaguarda a interpretação simultânea durante as reuniões e a tradução dos documentos escritos, o problema coloca-se nos contactos à margem das reuniões, que são sem dúvida extremamente valorizados pela generalidade dos representantes portugueses.

> *O que eu considero é que se tira mais proveito das reuniões de corredor, nos intervalos, às refeições, etc., porque há muita informação que se consegue obter em conversas directas com franceses, espanhóis, brasileiros. E isso é fácil de perceber: quando se está numa reunião*

112   AS VOZES DO TRABALHO NAS MULTINACIONAIS

que tem à volta de 40 pessoas, em dois dias de reuniões é impossível tratar de tudo. Consegue-se mais informação chegando directamente à fala com os representantes da empresa A ou B do país A ou B. Na reunião a direcção só responde àquilo que quer e não se pode aprofundar nada (Representante dos trabalhadores do CEE do Grupo Renault, 18.12.2006).

Apesar dos números animadores revelados pelo inquérito aos representantes, em contexto de entrevista os representantes portugueses tendem a assinalar de forma mais expressiva o *problema da língua*. A ausência de competências linguísticas poderá, pois, funcionar como um importante factor inibidor da participação dos representantes portugueses nos CEEs, a adicionar à sua condição periférica[39] (Miller *et al.*, 2000; Stirling e Fitzgerald, 2001; Stirling e Tully, 2004). É neste aspecto em particular que a formação poderá desempenhar um papel crucial no incremento do dinamismo dos CEEs. A opção por uma língua de trabalho única – e tudo indica que a língua inglesa se apresente como a mais forte candidata – permanece uma questão em aberto, ainda que decisiva para o funcionamento e dinâmica dos CEEs.

Falar e escrever fluentemente o Inglês poderia ser uma vantagem, mas toda a gente tinha de falar e escrever fluentemente Inglês. Por exemplo, os espanhóis não falam mais nada senão Espanhol. Os espanhóis não falam nada! Exigir que um espanhol tivesse de falar Inglês era deturpar totalmente as coisas. Não ia deixar de haver uma participação espanhola, mas talvez não fosse com a qualidade que os espanhóis têm neste momento. Eu penso que o que é fundamental nos CEEs é a qualidade das pessoas que lá vão e o poder de intervenção das pessoas que lá vão. Temos lá algumas pessoas com um poder de intervenção muito bom. São pessoas que já lá estão há um tempo e que se dedicam só a isto (Representante dos trabalhadores do CEE do Grupo Zurich, 1.02.2007).

Enquanto que D. Miller *et al.* (2000: 314) levantam a questão do problema da língua como um factor susceptível de agravar a marginalização dos países do Sul da Europa, J. Stirling e B. Tully (2004), partindo igualmente da constatação de uma capacidade diferenciada dos representantes para comu-

---

[39] A influência da condição periférica dos representantes portugueses joga-se sobretudo em torno do número de representantes eleitos/nomeados para os CEEs – que depende, na grande maioria dos casos, do número de trabalhadores –, do acesso a determinados cargos nos CEEs, nomeadamente nos Conselhos Restritos, e de uma visão estereotipada dos países do Sul da Europa como menos produtivos e menos competitivos.

nicar e participar, vão mais longe e levantam questões que carecem ainda de um estudo sistemático: a unidade dos CEEs, a sua capacidade para conciliar interesses entre actores provenientes de realidades laborais e tradições reivindicativas distintas, a construção da identidade colectiva dos CEEs, e a sua capacidade para falar a uma única voz e agir como um todo coeso.

Tratando-se de instituições relativamente jovens e cuja emergência resultou, na grande maioria casos, de uma imposição legal[40], a identidade dos CEEs, cujo processo de constituição e configuração varia necessariamente de CEE para CEE, assentará grandemente na sua capacidade para ultrapassar as diferenças que os atravessam e para *trabalhar na diversidade* (Stirling e Tully, 2004: 75).

Para além da língua, considerada crucial, os autores identificam três factores potencialmente inibidores das *dinâmicas de comunicação* no seio dos CEEs e que, agindo em conjunto, podem condicionar a emergência de uma identidade colectiva e o desenvolvimento de uma solidariedade transnacional. São estes: uma distinta interpretação dos objectivos dos CEEs, as diferenças entre sistemas nacionais de relações laborais e as diferenças culturais. Embora reconhecendo que estes factores agem interactivamente, realçamos a importância do primeiro factor que assume notória expressão na forma como os representantes portugueses se posicionam relativamente aos CEEs.

O que os autores constataram foi a tendência para os países do Sul da Europa considerarem o CEE como um espaço propício à comparação das diferentes condições de trabalho a nível internacional e, logo, como uma potencial alavanca para a melhoria das condições a nível nacional.[41] Os países do Norte, por sua vez, beneficiando já de melhores condições, estariam mais preparados para aceitar o papel de informação e consulta dos CEEs e para uma sua orientação para questões de carácter efectivamente transnacional.

---

[40] Relembremos que o número avultado de acordos de CEEs firmados antes da data limite de entrada em vigor da Directiva (22 de Setembro de 1996) resultou mais de uma estratégia de antecipação à Directiva do que propriamente de um compromisso firme das multinacionais com o diálogo transnacional.

[41] A análise sobre os principais obstáculos à constituição de CEEs em multinacionais com sede em Portugal, revelou, como se viu no capítulo 2, que as prioridades nacionais secundarizam a constituição de CEEs. Confrontados com diversos problemas ao nível local e nacional, a constituição de CEEs é relegada para segundo plano. A defesa dos trabalhadores ao nível da empresa estabelece-se, de resto, como uma prioridade que se justifica pelo facto de serem esses os trabalhadores que os órgãos eleitos directamente representam.

A participação num *todo* mais apto a revelar as diferenças entre as *partes* indicia claramente os desafios que se colocam ainda aos CEEs. A troca de experiências laborais, considerada unanimemente pelos representantes como uma mais-valia, revela duramente a existência de uma heterogeneidade de condições de trabalho, que leva os representantes dos trabalhadores portugueses a percepcionar os CEEs como um meio através do qual as condições de trabalho podem vir a ser niveladas em seu favor.

No decurso das entrevistas com os representantes portugueses, tivemos ocasião de verificar que estes tendem efectivamente a percepcionar os CEEs como um meio de transposição da escala reivindicativa do local para o transnacional e de acesso a um patamar de decisão mais elevado das empresas ou grupos transnacionais. Já em sede dos CEEs, verificamos igualmente uma tendência para os países do Sul da Europa desenvolverem entre si alianças privilegiadas como forma de reforçarem o seu poder e de maximizarem a sua influência. Duas tendências que revelam adequadamente que os CEEs não são instituições naturalmente solidárias (Stirling e Tully, 2004: 86), mas antes instituições que continuam em busca de unidade e de uma identidade (Béthoux, 2004a). Um tipo de participação orientado por e para objectivos locais e uma atitude pragmática e instrumental relativamente aos CEEs, são dois aspectos que caracterizam adequadamente a participação dos representantes portugueses em CEEs e que, como veremos, marcam efectivamente a sua experiência.

2. A experiência dos representantes portugueses em Conselhos de Empresa Europeus

Propusemo-nos neste ponto dar *voz* às experiências dos representantes dos trabalhadores portugueses eleitos ou nomeados para os CEEs. A experiência dos representantes portugueses foi apurada a partir da realização de entrevistas em profundidade e através de um inquérito enviado via *e-mail* e por correio.

Relativamente ao inquérito, foram enviados 37 inquéritos, o universo dos representantes entrevistados, e recebidos 26, o que corresponde a uma taxa de respostas de 70,3% (Quadro 39).

AS EXPERIÊNCIAS DOS REPRESENTANTES PORTUGUESES EM CONSELHOS DE EMPRESA EUROPEUS

QUADRO 39. Respostas ao inquérito

	N	%
Respondeu	26	70,3
Não respondeu	4	10,8
Incontactável	5	13,5
Encerrou	2	5,4
Total	37	100

Quanto às entrevistas, a escolha dos representantes em CEEs a entrevistar obedeceu a um critério de distribuição proporcional à sua representatividade sectorial (Quadro 40). Assim, o maior número de representantes

QUADRO 40. Relação sectores-entrevistas

Sectores	Representantes portugueses	%	Entrevistas privadas*	Entrevistas realizadas**
Sector Metalúrgico	63	31%	12	12
Sector Químico	37	18%	7	7
Actividades Financeiras	30	15%	6	6
Indústria Alimentar & Hotelaria	27	13%	5	5
Sector Têxtil	13	6%	3	3
Construção***	9	4%	2	0
Serviços Indiscriminados	7	3%	1	1
Transportes	7	3%	1	1
Comércio	4	2%	1	1
Actividades Gráficas	3	1%	1	1
Em branco****	1	0%	1	0
Total	201	100%	40	37

* Amostra estratificada: foram extraídos 20% da população por estrato. Nos casos em que o cálculo da amostra era igual ou inferior a 0,5 assumiu-se 1.
** Inclui entrevistas com representantes de multinacionais constantes e não constantes das bases de dados.
*** Não foi possível contactar nenhum representante do sector da construção.
**** A Jacobs Engineering, única multinacional com representantes portugueses que aparece nesta categoria, já não possui operações em Portugal.

seleccionados situa-se nos sectores Metalúrgico e Químico. O sector financeiro, além de ocupar o terceiro lugar em número de representantes eleitos (30 representantes, ou seja, 15% do total de representantes), mereceu ainda especial atenção por se tratar do único sector onde se encontram representantes portugueses eleitos a partir de uma empresa com sede em Portugal. Ainda que ocupando a quinta posição relativamente ao número de representantes, o sector Têxtil mereceu igualmente a nossa atenção pela sua importância no contexto da economia portuguesa e por se tratar de um sector que se tem revelado particularmente vulnerável ao fenómeno das deslocalizações.

Embora as entrevistas e os inquéritos tenham incidido essencialmente na avaliação dos constrangimentos e oportunidades que se colocam aos CEEs e à participação portuguesa, os representantes de trabalhadores foram igualmente confrontados com um leque mais amplo de questões. Assim, tanto o inquérito como o guião das entrevistas foram elaborados tendo em conta três grandes áreas temáticas dos CEEs. Uma primeira, relativa ao processo de instituição dos CEEs, que abarca aspectos como a iniciativa para a constituição dos CEEs, a participação de representantes portugueses na negociação dos acordos, a avaliação do conteúdo dos acordos, etc. Uma segunda que incide sobre o funcionamento dos CEEs, ou seja, a participação dos representantes portugueses nas reuniões dos CEEs (preparatórias, ordinárias, posteriores e extraordinárias), as questões e os problemas recorrentemente levantados pelos representantes, a avaliação dos resultados das reuniões (a quantidade, qualidade e oportunidade da informação, a consulta, e o princípio da confidencialidade), a restituição da informação e dos resultados das reuniões aos trabalhadores, e a consolidação de redes informais entre representantes dos trabalhadores para além dos espaços de reunião formal. Por fim, o inquérito e as entrevistas incidiram numa terceira área temática orientada para a avaliação global dos CEEs, designadamente das suas principais potencialidades, limitações e impactos locais e transnacionais.

2.1. Assinatura dos acordos e instituição dos CEEs

Neste primeiro conjunto de questões procurámos apurar junto dos representantes em CEEs: de quem partiu a iniciativa de instituição dos CEEs e em que moldes se processou a participação dos representantes portugueses no Grupo Especial de Negociação (GEN); os processos de negociação dos acordos; os conteúdos dos acordos; os seus pontos mais salientes; a definição das questões objecto de informação; os processos de revisão/reformulação dos acordos; a selecção dos representantes em geral e dos representantes dos trabalhadores portugueses em particular; e a duração dos mandatos dos CEEs.

2.1.1. *Iniciativa para a constituição dos Conselhos de Empresa Europeus*
Dois tipos de respostas emergiram do questionamento sobre a iniciativa para a constituição dos CEEs: 1) a iniciativa tende a partir da sede (envolvendo sobretudo os trabalhadores organizados da sede da multinacional) (Quadro 41); e 2) os CEEs são apresentados às filiais como factos consumados (ou num patamar de negociação já avançado), podendo aí o processo ser desencadeado quer pelas ORTs, quer pelas próprias administrações. É, nesse sentido, mínima a iniciativa portuguesa no desencadear de processos negociais para a constituição de CEEs.

QUADRO 41. Iniciativa para a constituição dos CEEs

	N	%
Administração central da multinacional	6	23,1%
Trabalhadores nacionais organizados (Federações, sindicatos, CTs, etc.)	2	7,7%
Trabalhadores nacionais não organizados	2	7,7%
Trabalhadores da sede da multinacional organizados (Federações, sindicatos, CTs, etc.)	13	50%
Outra situação	1	3,8%
Desconhece o processo de constituição do CEE	2	7,7%
Total	26	100%

Regra geral, a iniciativa para a constituição dos CEEs é, pois, assumida pelos representantes dos trabalhadores das sedes das multinacionais. Esta situação explica-se não só por ser aí que está concentrada a maior parte da força de trabalho, como também pelo dinamismo (pressão) imprimido pelas organizações de trabalhadores (sobretudo sindicais) presentes nessas multinacionais que, como vimos, são maioritariamente alemãs, francesas e inglesas. Como veremos adiante, o «factor casa» revela-se fundamental para fomentar protagonismos distintos no seio dos CEEs.

> *Relativamente à Allianz, nós temos cerca de 60-65% da força de trabalho na Alemanha e como tal foram os sindicatos alemães que lideraram o processo de constituição do CEE.* (Representante dos trabalhadores do CEE da Allianz, 02.02.2007)

> *O CEE foi criado pelos colegas alemães. A nossa casa-mãe é na Alemanha. Há três empresas: uma na Alemanha, uma na Áustria e duas em Portugal. Uma das empresas em Portugal* [Rohde de Pinhel] *fechou este ano e passamos a ter só uma em Portugal.* [...] *Portugal entrou em último porque não havia grande abertura para esse tipo de trabalho. E entrou devido à pressão dos colegas alemães que queriam saber o que é que se passa aqui em Portugal.* (Representante dos trabalhadores do CEE da Rohde, 20.12.2006)

Igualmente comuns são as situações em que a tomada de conhecimento por parte dos representantes portugueses em CEEs da iniciativa do processo de constituição de CEE é feita *a posteriori* à assinatura do acordo e à instituição do CEE.

> *No princípio houve algumas complicações porque os ingleses queriam elaborar o acordo sem nos dar conhecimento. Quando nos deram o acordo, já estava tudo feito. E nós discordámos.* (Representante dos trabalhadores do CEE da Tate & Lyle, 10.01.2007)

> *Só que a grande diferença é que isto aqui é Portugal e lá é a Alemanha. Nós temos uma fábrica e eles têm sete! A bem dizer, foi na Alemanha que nasceu o CEE. Quando nós chegamos já estava o acordo assinado e o CEE pronto para funcionar.* (Representante dos trabalhadores do CEE da Continental Teves, 23.01.2007)

2.1.2. *Participação de representantes portugueses no Grupo Especial de Negociação*

A participação residual dos representantes portugueses no Grupo Especial de Negociação (GEN) – parceiro de negociação a quem, em linhas gerais, cabe definir, com a participação da direcção central, o âmbito de acção, a composição, as atribuições e a duração do mandato do ou dos CEEs ou as regras de execução de um PIC (art. 5º, nº 3) – é de certo modo concomitante com a iniciativa mínima para a constituição de CEEs. De facto, quando participam, os representantes portugueses tendem a aparecer em segundo plano nos processos negociais, confirmando parte do que foi dito acima sobre a iniciativa das negociações.

Confrontados ainda com o papel do GEN, os representantes portugueses tendem a realçar que, a despeito do "espírito de colaboração" ao abrigo do qual os parceiros sociais (GEN e direcção central) devem negociar, é manifesta a vontade dos trabalhadores em fixar os termos dos acordos para além do texto formal da Directiva, uma vez que as administrações tendem a procurar cumprir apenas os mínimos legalmente exigidos. O conflito é, nesta medida, uma parte importante dos CEEs e as relações de poder fazem-se sentir, desde logo, nos termos dos acordos alcançados pelas partes.

> *O que se procura* [nas negociações] *é sempre tentar ir além da Directiva que regula o funcionamento dos CEEs. Por exemplo, a Directiva impõe um determinado número de representantes e nós tentamos sempre alargar o âmbito do CEE ao maior número de representantes possível. Posso dizer que a empresa, na altura, não aceitou algumas das nossas propostas e nós também não aceitamos algumas propostas deles. Mas chegou a um momento em que tinha de haver consenso, porque se houvesse uma ruptura entre o GEN e a administração tinha que se suspender as negociações e aplicavam-se as disposições supletivas. Mas nós não queríamos chegar a esse ponto. Entendíamos que se tinha de chegar a uma plataforma de entendimento.* (Representante dos trabalhadores do CEE da Power Controls, 09.01.2007)

> *Nas reuniões com a administração* [para a elaboração do acordo] *os representantes dos trabalhadores foram só espanhóis. Nós demos o apoio de retaguarda no despoletar do processo mas depois a reunião negocial...* (Representante dos trabalhadores do CEE do Grupo Santander, 25.01.2007)

2.1.3. *Negociação dos acordos*

Na prática, como dissemos acima, a conciliação de interesses afigura-se sempre mais difícil do que o "espírito de colaboração" faria supor. As expectativas dos representantes dos trabalhadores concentram-se em torno da possibilidade dos acordos «abrirem a porta» do diálogo para algo mais do que o estritamente estipulado pela Directiva, enquanto que a vontade das administrações se limita ao cumprimento da Directiva. O facto de decorrerem várias reuniões até à obtenção de um acordo – o tempo médio de duração do processo de negociação de um acordo é de cerca de dois anos – é em si mesmo uma expressão clara do "espírito de antagonismo" que, na prática, se sobrepõe ao "espírito de colaboração" almejado pela Directiva. O processo de negociação dos acordos gerará, pois, tanto mais atrito quanto se desviar dos requisitos mínimos estabelecidos pela Directiva.

> *Este acordo tem por base a Directiva comunitária e nalguns pontos conseguiu-se alargar. Houve onze reuniões com a direcção da Praxair até se chegar a esse acordo. Senão era transpor a Directiva e mais nada, ponto final!* (Representante dos trabalhadores do CEE da Praxair, 02.02.2007)

> *Essa primeira negociação* [do acordo] *não foi assim muito complicada porque basicamente, eles estavam a cumprir o que dizia a Directiva europeia.* (Representante dos trabalhadores do CEE da Ecco Let, 15.12.2006)

> [As negociações do acordo] *não foram fáceis. As primeiras reuniões não foram fáceis. Aliás, em Espanha, o BBVA foi o primeiro banco espanhol a ter um CEE. Portanto, não foi fácil mesmo para o próprio banco dar um passo que os outros não queriam dar.* [...] *Portanto, as negociações não foram fáceis. Até chegar ao acordo... E se não chegássemos a acordo a própria Directiva obrigava a que se constituísse o CEE na mesma. Nós acabamos por firmar o acordo no limite do prazo que são três anos. A empresa foi adiando.* (Representante dos trabalhadores do CEE do BBVA, 26.01.2007)

2.1.4. *Conteúdo dos acordos*

O conteúdo dos acordos permite aferir se, na prática, o processo negocial se "limitou" a cumprir os requisitos da Directiva, o que efectivamente sucede na maior parte das situações, ou se conseguiu ir para além disso. Salientamos, porém, que essa leitura poderá de alguma forma estar enviesada por um desconhecimento generalizado por parte dos representantes relativamente ao conteúdo dos acordos, já que em diversas entrevistas os representantes afirmaram não terem presente o conteúdo dos acordos. Tal vem ainda reforçar a desvalorização dos acordos, generalizada aos membros dos CEEs, à qual aludiremos adiante.

> *Não foram nada além dos mínimos que a Directiva impõe.* (Representante dos trabalhadores do CEE do Grupo Santander, 25.01.2007)

> [O acordo] *não extravasa muito* [o âmbito da Directiva], *porque isto é um fórum que cumpre o que está estabelecido. É um fórum de informação e consulta, mas essencialmente de informação.* (Representante dos trabalhadores do CEE da Zurich, 01.02.2007)

> *O acordo do Conselho de Empresa Europeu é uma réplica quase fiel da directiva.* (Representante dos trabalhadores do CEE da Opel, 27.11.2006)

> *O acordo define apenas as regras de funcionamento do CEE. Periodicidade das reuniões, obrigatoriedade de informação e consulta sempre que afecte pelo menos dois países. [...] Não vai muito mais para além* [da Directiva]. (Representante dos trabalhadores do CEE da Unisys, 25.01.2007)

Apesar do alcance limitado dos textos dos acordos, a verdade é que, na instituição dos CEEs, se destacam duas posturas distintas por parte dos representantes dos trabalhadores portugueses: uma primeira, que exprime uma estratégia de não confrontação com a administração, assente na leitura de que a constituição de um CEE sem a colaboração da administração – através da aplicação das disposições supletivas da Directiva com base no art. 7º, nº 1 –, seria negativa para o seu posterior funcionamento; e uma segunda postura que passa pela desvalorização dos acordos, na medida em que é na prática que os CEEs se realizam e não através da sua instituição formal.

> *Ao fim e ao cabo o acordo segue a Directiva. A própria empresa não queria ir para além da Directiva e para nós era melhor ter um acordo do que impor um CEE. Uma coisa imposta... No geral, o acordo segue a Directiva. Até porque havia um certo receio por parte da empresa. Ainda não se sabia muito bem as implicações disto e eles eram os primeiros. Este acordo vai ser revisto para o ano e possivelmente será melhorado. Eu penso que depois de quatro anos de experiência, de um lado como do outro, já se podem alterar algumas coisas.* (Representante dos trabalhadores do CEE do BBVA, 26.01.2007)

> *Eu não sei se as pessoas que estão hoje no CEE conhecem o texto do acordo. No outro dia apercebi-me que alguns deles nem conhecem o texto do acordo. Ou seja, o texto do acordo já é uma coisa que está lá muito longe. Já não é praticamente invocado por ninguém. Isto é, a gente aqui funciona como se o texto do acordo não existisse.* (Representante dos trabalhadores do CEE do Grupo Auchan, 29.11.2006)

Por fim, importa ainda dizer que o conhecimento do conteúdo dos acordos tende a ser tanto maior quanto maior for a experiência dos representantes. A aquisição das sucursais portuguesas por outras multinacionais, levando à reformulação dos acordos originais e as alterações na prática dos CEEs, é igualmente uma situação que permite aos representantes aferirem, por comparação, as perdas e ganhos nos conteúdos dos acordos. O caso mais flagrante é o do CEE da *Borealis* cujo conteúdo do acordo e a prática do seu CEE se alteraram radicalmente após a sua aquisição pela *Repsol*.

O [acordo] *da Borealis era totalmente diferente* [do firmado após a aquisição da Borealis pela Repsol]. *Era diferente porque havia as tais reuniões frequentes e depois havia a reunião anual onde se discutia na generalidade todos os investimentos para a Europa e a segurança (...). Nós tínhamos uma prática que era a prática da Borealis, era o acordo Borealis. A partir do momento em que a Repsol adquiriu a Borealis, começámos a reger-nos pela prática do acordo que há na Repsol.* (Representante dos trabalhadores do CEE da Repsol, 08.01.2007)

O desconhecimento dos pontos mais salientes dos acordos, expressões de conquistas adicionais ao estabelecido na Directiva, varia na razão directa do desconhecimento do conteúdo dos acordos. Uma vez que os acordos tendem na generalidade dos casos a ser "fiéis" à Directiva comunitária, os representantes manifestaram muitas dificuldades em assinalar eventuais conquistas, sendo, por isso, quase inexistentes as referências explícitas a esses aspectos. Reforça-se, inclusivamente, a tendência para desvalorizar os textos dos acordos, remetendo-se para a prática dos CEEs enquanto única forma de aferir da verdadeira eficácia dos acordos.

O acordo em si não é muito importante. O que o acordo faz é estabelecer algumas regras que devem existir para que haja alguma organização, mas depois tudo depende da forma como as coisas vão acontecendo. (Representante dos trabalhadores do CEE da Air Liquide, 01.02.2007)

Adiante retomaremos alguns exemplos de conquistas, estas sim, proporcionadas pela prática dos CEEs e que não se encontram previstas nos textos dos acordos.

2.1.5. *Questões objecto de informação e consulta*

O tópico da informação e consulta implica que se estabeleça uma distinção prévia entre o tipo de questões objecto de informação e consulta estipuladas nos acordos e o tipo de informação e consulta que se verifica em sede dos CEEs, ou seja, que resultam das suas práticas. Cingir-nos-emos aqui ao primeiro aspecto, reservando o aprofundamento do segundo para a análise do funcionamento dos CEEs. Abordaremos, então, igualmente em maior profundidade, a questão da consulta, análise que não se faz sem ter em conta a quantidade, a qualidade e a oportunidade da informação e a capacidade dos CEEs para influenciarem decisões.

Como vimos no capítulo 3, nos acordos de CEEs onde participam representantes portugueses, as questões objecto de informação e consulta respeitam duplamente o espírito da Directiva. Primeiro, porque ressalvam que estas devem incidir exclusivamente sobre questões transnacionais susceptíveis de afectar os interesses dos trabalhadores (art. 6º, nº 3) e, segundo, porque referem explicitamente as questões que podem ser objecto de informação e consulta definidas pela Directiva: a estrutura, situação económica e financeira da empresa; a evolução provável do emprego; os projectos, investimentos e estratégias da empresa; a introdução de novos métodos de trabalho, de produção e às novas tecnologias; as transferências de produção, fusões, reduções de pessoal, despedimentos colectivos e encerramentos; e a produção e vendas (produtividade e competitividade) (Ponto 2 do Anexo da Directiva).

A análise do conteúdo dos acordos reflecte-se nas críticas dos representantes portugueses, que incidem, sobretudo, no excesso de informação técnica – significando isto que a informação transmitida se cinge ao cumprimento do disposto na Directiva –, no défice de informação de nível nacional e, principalmente, local, na insuficiência generalizada de informação de qualidade, e na tentativa de veicular, por via dos CEEs, a perspectiva das direcções centrais.

> As informações que se obtêm no CEE são informações que a empresa, através do acordo, fica obrigada a transmitir: estratégia da empresa, situação económica, etc. (Representante dos trabalhadores do CEE do Grupo Renault, 18.12.2006)

> O que imediatamente ficou reforçado era que o CEE servia para debater questões transnacionais. Este é um comité europeu, trata de problemas europeus, de problemas transnacionais e um problema que haja num país, numa fábrica não constitui um assunto para debater. [...] São espaços distintos [local e europeu] que não se misturam. Eu próprio acabei por interiorizar que o CEE é um espaço para questões transnacionais. (Representante dos trabalhadores do CEE da Tenneco, 23.01.2007)

2.1.6. *Revisão e reformulação dos acordos*

Foram muito escassos os depoimentos recolhidos reportando-se ao processo de revisão/reformulação dos textos dos acordos. No entanto, sempre que um acordo de CEE está em vias de ser revisto, a expectativa dos representantes é a de que essa revisão seja concretizada num sentido mais favorável aos trabalhadores.

2.1.7. *Selecção dos representantes*

O processo de selecção (eleição ou nomeação) dos representantes dos CEEs está longe de ser um processo pacífico. Esta é, na verdade, uma questão fundamental na medida em que parte da legitimidade dos representantes assentará nos seus processos de eleição/nomeação. De facto, uma das preocupações desde cedo associadas aos CEEs foi a de que estes deixassem de servir o seu objectivo para serem controlados pelas administrações das empresas. Tal poderia traduzir-se num recurso aos CEEs pelas administrações como forma de veicular questões do interesse das empresas em detrimento das questões sociais e de construir relações exclusivas no seio dos CEEs com determinados representantes dos trabalhadores em detrimento do todo (Lucio e Weston, 2000: 208).

Perante este risco compreende-se melhor, por um lado, a crítica dos representantes portugueses relativamente à tentativa de veicular através dos CEEs a *perspectiva da empresa* e, por outro, que impere, entre os membros dos CEEs, um certo clima de desconfiança relativamente a «quem representa o quê». Situação que, em última análise, só se resolve através do aprofundamento das relações entre os representantes, que, por sua vez, necessita de um conjunto de requisitos para se realizar. Voltaremos mais adiante a esta questão, mas convém desde já assinalar que a rotatividade dos membros dos CEEs, um número reduzido de reuniões e as competências linguísticas são obstáculos consideráveis à estabilização das relações entre os membros dos CEEs e às dinâmicas de comunicação nos CEEs.

Relativamente à nomeação de representantes pelas administrações centrais, não só nesta investigação como em estudos anteriores resultantes de contactos com representantes de trabalhadores em CEEs e com dirigentes sindicais (Costa, 2005: 631-637; 2006b: 233-236; 2008: 224; Costa e Araújo, 2006: 16), foi possível verificar que esta é uma situação real, uma situação que representa uma fonte de preocupação para os representantes e um obstáculo à realização dos desideratos da Directiva.

> *O que acontece nos CEEs é que ou o movimento sindical e os trabalhadores estão atentos ou as administrações das empresas nomeiam quem entendem.* [...] *Nós, em Portugal, temos uma ligação aos trabalhadores, discutimos e sabemos, porque o importante é saber, o que está a acontecer nas empresas. O que se verifica é que os CEEs funcionam nesta base: quem participa são pessoas ligadas à administração, que estão ali para representar os interesses da empresa e não dos trabalhadores.* (Representante dos trabalhadores do CEE da Honeywell, 11.01.2007)

AS EXPERIÊNCIAS DOS REPRESENTANTES PORTUGUESES EM CONSELHOS DE EMPRESA EUROPEUS   125

[...] há o problema de haver representantes eleitos pelos trabalhadores e outros que são designados pelas administrações. E, assim, não se consegue ter uma linha orientadora, não se consegue estabelecer consenso. Claro que os problemas são diferentes mas tem de haver uma linha comum. (Representante dos trabalhadores do CEE da Solvay, 22.01.2007)

No que diz respeito aos representantes portugueses, a nomeação pelos sindicatos e a eleição pelos trabalhadores após nomeação pelos sindicatos representam as formas mais comuns de selecção dos representantes portugueses (Quadro 42), facto que, do ponto de vista dos representantes portugueses, lhes confere uma legitimidade nem sempre extensível aos restantes representantes.

QUADRO 42. Processo de eleição/nomeação dos representantes portugueses

	N	%
Administração central da multinacional	6	23,1%
Trabalhadores nacionais organizados (Federações, sindicatos, CTs, etc.)	2	7,7%
Trabalhadores nacionais não organizados	2	7,7%
Trabalhadores da sede da multinacional organizados (Federações, sindicatos, CTs, etc.)	13	50%
Outra situação	1	3,8%
Desconhece o processo de constituição do CEE	2	7,7%
Total	26	100%

No processo de selecção dos representantes portugueses, confirmaram--se ainda situações pontuais de competição entre estruturas sindicais de sensibilidades político-ideológicas distintas, mas igualmente, embora em menor grau, de formas de competição intra-sindical pela indicação do representante dos trabalhadores, sendo que nestes casos estamos na presença de uma competição ditada pela relação tensa entre tendências sindicais distintas dentro de uma mesma estrutura sindical em que ambas estão filiadas.

Em 2001, passei a integrar o CEE da Allianz. Mas logo em 2004, por razões complexas que têm a ver com questões sindicais nacionais, o STAS, com o acordo da administração da empresa, indicou uma outra pessoa para efectivo. Numa das reuniões em que eu estava convocado, fui surpreendido à última hora com a indicação de que seria uma outra pessoa que iria representar os trabalhadores portugueses no CEE da Allianz. E há dois anos que é assim. Portanto, neste momento quem representa os trabalhadores portugueses no CEE da Allianz é uma colega de Lisboa. [Mas sendo os dois sindicatos da mesma central sindical, não deixa de ser surpreendente que isso pudesse ter acontecido?] *A razão é porque há um conflito histórico entre o sindicato do Sul [STAS] e o do Norte [SINAPSA], porque os sindicatos eram sindicatos regionais. Era um sindicato do Norte e um sindicato do Sul. A nossa área de acção era até Coimbra e de Coimbra para baixo eram os colegas do chamado Sindicato dos Trabalhadores de Seguros do Sul e Ilhas. É um bocado como a história dos bancários. E dado alguns conflitos históricos que têm a ver com política e comportamento sindical, nós decidimos, em 1997, alargar o âmbito de actuação e passámos a ser um sindicato nacional, da mesma forma que os nossos colegas do Sul. Hoje os dois são sindicatos nacionais. Apesar de estarmos filiados na mesma central, não temos conseguido manter nenhuma estratégia comum.* (Representante dos trabalhadores do CEE da Allianz, 02.02.2007)

2.1.8. *Duração dos mandatos*

Um último tópico que decorre da dimensão formal dos acordos prende-se com a duração dos mandatos dos representantes. Na generalidade, os representantes portugueses exercem mandatos de quatro anos (Quadro 43). O cumpri-

QUADRO 43. Duração dos mandatos dos representantes portugueses

	N	%
1 ano	2	8,7%
2 anos	5	21,7%
3 anos	4	17,4%
4 anos	10	43,5%
Mais de 4 anos	1	4,3%
Indefinida	1	4,3%
Não responde	3	13%
Total	23	100%

mento de mandatos longos representa, aliás, do ponto de vista dos representantes, a situação ideal (Quadro 44) na medida em que permite consolidar relações pessoais e adquirir a experiência necessária para o desempenho de funções num espaço diferente do espaço de intervenção local e nacional.

QUADRO 44. Avaliação da duração dos mandatos, por tempo de mandato

	Suficiente	Insuficiente	Total
1 ano	0	2	2
2 anos	2	3	5
3 anos	3	1	4
4 anos	9	1	10
Indefinida	1	0	1
Mais de 4 anos	1	0	1
Total	16	7	23

Finalmente, a situação mais preocupante associada à duração dos mandatos dos representantes portugueses prende-se com o seu desfasamento relativamente à duração dos mandatos nas ORTs nacionais. Aliás, nas empresas com sede em Portugal que ainda não constituíram CEEs constatámos que, muito embora a rotatividade nas lideranças das ORTs nacionais seja sinónimo de democracia laboral, ela acaba por funcionar como um pretexto para excluir a questão dos CEEs da agenda de intervenção mais imediata (Costa e Araújo, 2007b: 24; 2008b). Para os representantes portugueses em CEEs, o ideal seria fazer coincidir mandatos de CEEs com mandatos de ORTs nacionais, o que se afigura de difícil realização sobretudo quando as lutas locais/nacionais representam, como veremos, *a* prioridade de intervenção.

> *Nós tivemos aqui um problema. O nosso mandato da comissão de trabalhadores da Autoeuropa é de dois anos. E isso está farto de ser criticado no comité europeu logo quando nós tínhamos entrado em 99... portanto, eu fui a duas reuniões e à terceira reunião houve uma alteração nas eleições aqui, houve uma outra lista que ganhou e portanto, houve uma mudança do coordenador e foi lá outro. Depois isso foi realçado por eles, esse facto não dava estabilidade nenhuma, nem confiança...* (Representante dos trabalhadores do CEE da Autoeuropa, 17.11.2006)

2.2. Funcionamento dos Conselhos de Empresa Europeus

A segunda área temática dos CEEs abordada nas entrevistas e nos inquéritos diz respeito ao funcionamento dos CEEs. Aqui os representantes portugueses foram confrontados com: a definição da agenda; as reuniões dos CEEs; o protagonismo diferenciado das sedes e dos Conselhos Restritos; o balanço das reuniões; ou a difusão de informação aos trabalhadores.

2.2.1. *Definição da agenda*

Na prática dos CEEs, a definição da agenda cabe às administrações ou, em alternativa, resulta da articulação entre as administrações das empresas e os Conselhos Restritos. Isto significa que apenas esporadicamente as ORTs nacionais conseguem criar condições para influenciar as agendas das reuniões dos CEEs. O CEE do Grupo Auchan aparece como uma rara excepção na medida em que a capacidade para influenciar a definição da agenda vai de par como uma relativa desvalorização do acordo. Reforça-se, deste modo, a capacidade diferencial dos representantes para extravasar o estabelecido nos acordos e influenciar as práticas dos respectivos CEEs. Nas palavras do representante:

> *Se forem ver a última reunião foi essencialmente uma reunião social, quer dizer, acho que a empresa acabou por nem sequer conseguir arranjar tempo para pôr as questões dela. Ou seja, inverteu-se a ordem de trabalhos, passou a ser a ordem de trabalhos sindical em vez da ordem de trabalhos da empresa.* (Representante dos trabalhadores do CEE do Grupo Auchan, 29.11.2006)

Num estudo realizado por S. Weston e M. Lucio (1997: 775) em multinacionais do Reino Unido e da Alemanha com operações em ambos os países, verificou-se que a necessidade de manter um controlo apertado sobre a agenda dos CEEs cedo emergiu como uma das grandes preocupações das administrações. O objectivo era e é o de controlar o conteúdo da informação transnacional a circular por via dos CEEs.

A definição da agenda de trabalhos dos CEEs representa, afinal, um poder não negligenciável que se torna tanto mais evidente quanto é limitada a periodicidade das reuniões e limitada a participação dos representantes. Os Conselhos Restritos têm, a este respeito, grande preponderância, pois ao mesmo tempo que conferem maior flexibilidade e intervenção a essas instituições, reforçam as assimetrias no seio dos CEEs.

No CEE só podemos falar daquilo que fica definido entre a administração e o Conselho Restrito. (...) Há uma agenda predefinida e nós não podemos sair daqueles parâmetros (...). Mas se eu quiser apresentar um problema concreto de uma empresa e se o Conselho Restrito e a administração entenderem que aquilo não é para ser discutido no CEE, não se discute e ponto final. (Representante dos trabalhadores do CEE da Honeywell, 11.01.2007)

A agenda formal é definida pela administração. (Representante dos trabalhadores do CEE da Opel, 27.11.2006)

2.2.2. As reuniões dos Conselhos de Empresa Europeus

Reuniões preparatórias

As reuniões que antecedem os encontros formais dos CEEs, as reuniões preparatórias, são uma prática na grande maioria dos CEEs nos quais participam os representantes portugueses e são consideradas por estes como extremamente importantes. Estas reuniões servem, desde logo, para identificar um conjunto de problemas comuns a colocar às direcções e, como tal, ajudam a definir uma agenda e estratégia próprias dos trabalhadores e, portanto, paralelas às das administrações (Quadro 45).

QUADRO 45. Definição de uma estratégia prévia às reuniões dos CEEs por parte dos representantes

	Suficiente	Insuficiente	Total
1 ano	0	2	2
2 anos	2	3	5
3 anos	3	1	4
4 anos	9	1	10
Indefinida	1	0	1
Mais de 4 anos	1	0	1
Total	16	7	23

Na reunião preparatória é decidido que problemas colocar às direcções de recursos humanos, visto que os directores vão estar todos presentes no dia a seguir. [...] Os [problemas] mais complicados ficam logo [na agenda]. Depois tenta-se fazer um apanhado

daqueles que são comuns a toda a gente e no fim pergunta-se se alguém quer ver outro qual-
quer problema colocado e acrescenta-se. (Representante dos trabalhadores do CEE da
Autoeuropa, 17.11.2006)

Definimos a nossa agenda paralela à agenda da direcção. A direcção [apresenta]
a produção, finanças, recursos humanos, saúde e segurança, todos os temas abrangidos.
E depois dentro destes temas, com a informação que recebemos antecipadamente e que deba-
temos na reunião preparatória, entre todos os membros que participam definimos a nossa
agenda. (Representante dos trabalhadores do CEE da Opel, 27.11.2006)

Os representantes portugueses entrevistados tendem ainda a maxi-
mizar as reuniões preparatórias dos CEEs para partilhar problemas locais,
mesmo que tais problemas possam não vir, posteriormente, a ser abordados
na reunião com a administração. Enquanto espaço de partilha/transmissão
de conhecimentos e informações sobre a realidade das empresas locais, as
reuniões preparatórias parecem ser, de resto, mais úteis do que as reuniões
formais propriamente ditas. Nas reuniões preparatórias reforça-se o sentimento de pertença colectiva a um "corpo empresarial" comum, mesmo que
a intensidade e o tipo de problemas seja variável, harmonizam-se posições
entre os membros dos CEEs antes da reunião formal e ensaiam-se possíveis
alianças para o caso de serem apresentados problemas que dizem respeito
não ao Grupo, mas a sucursais particulares.

Nessas reuniões [preparatórias], estamos à vontade. Só que, lá está, depois não há
seguimento. Nessas reuniões falamos de tudo e as coisas deixam de ser transnacionais, cada
um fala dos problemas da sua fábrica. Mas depois, no dia seguinte, a maior parte dos pro-
blemas nem chegam a ser levantados porque não têm cabimento na agenda. Cada um fica
a saber o que é que se passa na casa uns dos outros, mas na reunião com a administração a
maior parte dos problemas não chegam a ser abordados. E quando são, vem logo a questão do
transnacional. [...] Na reunião preparatória, que é a melhor reunião, falamos de tudo o que
temos a falar. E trazemos muita informação sobre a forma de trabalhar dos outros, regalias,
direitos, etc. [...] A reunião preparatória é mais útil do que a reunião com a administração.
A administração é: quero, posso e mando e os CEEs não têm poder reivindicativo e de inter-
venção. (Representante dos trabalhadores do CEE da Tenneco, 23.01.2007)

Nós não tínhamos definido nada entre nós sobre o que é que queríamos colocar à
gerência. E daí que íamos fazendo comentários uns e outros mas ninguém sabia muito bem
qual era a posição que deveria tomar, ou seja, se aquele país ia apoiar ou se não ia. [...] [Por-

tanto, há muito trabalho que tem de ser feito na reunião preparatória?] *Claro, porque depois nós já vamos para a reunião no dia seguinte com coisas definidas.* [...] *O que é que nós fazíamos nas reuniões preparatórias? Tentávamos entre nós saber o que é que estava a correr bem e a correr mal em cada país. E tudo aquilo que fosse benéfico, quer de uma parte quer da outra, nós aproveitávamos para na reunião oficial dizermos que o país x tem isto e se isso faz parte da política do grupo, nós fazemos parte do grupo e também temos que ser abrangidos.* (Representante dos trabalhadores do CEE da Ecco Let, 15.12.2006)

Reuniões ordinárias

Ainda que percepcionadas pelos representantes portugueses como relativamente menos importantes do que as reuniões preparatórias, as reuniões ordinárias representam um momento de encontro entre a administração e os representantes dos trabalhadores, cujos resultados podem ser variados. O desencanto com as reuniões ordinárias será, no entanto, tanto maior quanto estas se cingirem à sua execução formal, ou seja, à discussão exclusiva de questões de âmbito transnacional e à difusão de informação excessivamente generalista e técnica.

2.2.3. *Protagonismos diferenciados: as sedes das multinacionais e os Conselhos Restritos*

Embora os CEEs possam ser considerados como um espaço de participação democrática ou "consensual", nos termos propostos por Moscovici e Doise (1991: 74 ss.), a verdade é que estes são igualmente espaços onde estão em jogo relações de poder (Stirling e Tully, 2004) e, por isso, susceptíveis de engendrar modos de participação desiguais. O reconhecimento dessas desigualdades passa, no caso dos representantes portugueses, pelas particularidades do seu contexto de origem, sendo aí avançados factores como o menor poder económico, as tradições de relações laborais menos arreigadas, o peso diferencial da força de trabalho, etc.

Independentemente das relações de poder no seio dos CEEs, dois factores sobressaem claramente como vantagens participativas: a pertença dos representantes às sedes das multinacionais e a participação nos Conselhos Restritos.

Os representantes da sede

Os representantes dos trabalhadores das sedes das multinacionais detêm aquilo a que Lecher *et al.* (1999: 222) apelidam de *home advantage* – que traduziríamos, recorrendo à gíria futebolística, por «factor casa» – e que os representantes reconhecem como facultando um acesso privilegiado à informação (Quadro 46). Segundo Lecher *et al.* (*idem*), regra geral os representantes dos CEEs da sede das multinacionais acolhem o maior contingente de representantes, ou seja, possuem uma posição dominante no seio dos CEEs. Além disso, recorrem frequentemente às estruturas nacionais de representação dos trabalhadores para, unilateralmente, obterem informação ou influenciarem decisões. Consequentemente, não estão tão dependentes dos CEEs como estarão os representantes dos países das sucursais e possuem vantagens negociais assentes em relações já estabelecidas com as administrações.

QUADRO 46. Acesso privilegiado à informação por parte dos representantes da sede da multinacional

	N	%
Sim	19	76%
Não	6	24%
Não responde	1	4%
Total	25	100%

Eu penso que os espanhóis estão na terra deles, estão no sítio deles e gerem aquilo à maneira deles. Nós [portugueses] *levamos os nossos problemas, tentamos ser ouvidos mas pensamos que muitas das vezes os levamos só por levar.* (Representante dos trabalhadores do CEE da Repsol, 08.01.2007)

Eu quando falo em pressão é porque eles [os representantes dos trabalhadores da sede] *são mais, são eles que estão perto da administração e há um pouco a tentativa de, digamos assim, de controlo da própria reunião. Porque é um número efectivamente grande. Não digo que se eu sugerir um determinado tema eles não concordem com ele.* (Representante dos trabalhadores do CEE do Grupo Santander, 25.01.2007)

Foi a primeira vez [que participei no CEE]. *Mas notei que as questões* [levantadas na reunião preparatória] *eram monopolizadas pelos holandeses, que estavam a jogar em casa, e pelos alemães. Depois eram os ingleses e a Bélgica por causa dos que lhes estava acontecer* [venda do sector dos congelados]. (Representante dos trabalhadores do CEE da Unilever JM, 19.01.2007)

Portanto, no primeiro dia há um jantar onde estamos nós e alguns representantes da CGT francesa. Eles até já dizem, aí vêm os filhos, os filhotes deles, os portugueses... Quer dizer, a gente tem uma pequeníssima importância no meio daquele aglomerado. (Representante dos trabalhadores do CEE da Saint-Gobain, 21.12.2006)

Apesar dos representantes dos trabalhadores das sedes das empresas beneficiarem do «factor casa» (um acesso privilegiado a informação, alianças estratégicas com as administrações, mecanismos de pressão e de resolução de conflitos entrosados, etc.), a verdade é que, para muito autores, os contactos, a troca de informações, as redes emergentes por intermédio dos CEEs, representam sempre uma mais-valia para as sucursais estrangeiras. Este é um dado que J. Waddington (2006c: 10) assinalou a partir da auscultação dos representantes dos trabalhadores que vem, de alguma forma, contrariar uma das críticas avançada relativamente aos CEEs que postulava que estes não iriam ser mais do que uma extensão das relações laborais nacionais (Streeck, 1997; 1998) e que tenderiam a excluir os representantes estrangeiros. No entanto, estas constatações não invalidam o facto de se continuar a verificar uma clara diferença percentual entre multinacionais abrangidas pela Directiva e multinacionais com CEEs, o que autoriza a pensar que os representantes dos trabalhadores das sedes das multinacionais continuam resistentes à criação de CEEs.

Na óptica dos representantes portugueses, apesar do acesso à informação ser sempre positivo, o acesso privilegiado à informação representa um importante factor de desequilíbrio na participação (Quadro 47), principal-

QUADRO 47. Acesso à informação privilegiado por parte dos representantes da sede da multinacional e participação desigual

Participação desigual	Acesso privilegiado à informação	
	Sim	Não
Sim	11	5
Não	8	1
Total	19	6

mente quando a informação não é partilhada de forma transparente entre os membros dos CEEs (Quadros 48 e 49).

QUADRO 48. Partilha aberta da informação em sede dos CEEs

	N	%
Sim	12	48%
Não	13	52%
Não responde	1	4%
Total	25	100%

QUADRO 49. Informação abertamente partilhada em sede dos CEEs e participação desigual

	Informação partilhada	
Participação desigual	Sim	Não
Sim	6	10
Não	6	3
Total	12	13

Os Conselhos Restritos

Recorde-se que os Conselhos Restritos estão previstos na esmagadora maioria dos acordos e que uma parte importante desses acordos lhes atribuem uma função que ultrapassa a coordenação e administração dos CEEs, prevendo a possibilidade de estes receberem informação e se reunirem com a direcção central regularmente e/ou em circunstâncias extraordinárias que afectem os interesses dos trabalhadores, mesmo que estas circunstâncias afectem apenas uma sucursal. Na prática, os Conselhos Restritos podem, igualmente, deslocar-se às sucursais das empresas abrangidas pelos acordos, nomeadamente, em circunstâncias excepcionais. Funções que conferem, de facto, uma grande importância aos Conselhos Restritos, autênticos vértices estratégicos dos CEEs.

O [Conselho Restrito] *tem acesso privilegiado* [a informação] *porque tem reuniões extraordinárias com a direcção do grupo. Por exemplo, no caso de uma reestruturação têm que estar informados e são convocados para essas reuniões. Depois fazem-nos chegar algumas informações.* (Representante dos trabalhadores do CEE da Faurecia, 17.11.2006)

Eu penso que eles [representantes da sede] *terão mais informação, não só por estarem mais próximos da sede, mas porque participam no Conselho Restrito. O mesmo vale para os espanhóis. Eles reúnem mensalmente com a administração e admito que tenham acesso a outra informação.* (Representante dos trabalhadores do CEE do Grupo Renault, 18.12.2006)

O Conselho Restrito acaba por ser mais eficaz do que o próprio CEE porque é uma reunião com um número mais reduzido de pessoas. O Fórum é importante até porque estão lá todos os representantes. E isso é importante porque estão lá pessoas que só vão lá uma vez por ano. Mas o que acontece é que, mesmo entre os representantes de um mesmo país, há opiniões que não são uniformes. Não há aqui uniformidade. Há países que têm representantes de várias tendências, inclusive, sindicais. (Representante dos trabalhadores do CEE da Zurich, 01.02.2007)

O processo de eleição dos membros do Conselho Restrito constitui, deste ponto de vista, um momento importante pois está em jogo um número limitado de lugares e a participação nesse órgão confere um acesso privilegiado (e mais rápido) à informação, a qual, muitas das vezes, não chega inclusivamente aos CEEs. Deste modo, o Conselho Restrito espelha particularmente bem as tensões internas que atravessam os CEEs e as eventuais fracturas ideológicas, culturais, linguísticas e de perspectivas sobre os objectivos e a acção dos CEEs.

Agora é difícil haver consenso. Há tendências e há tendências organizadas em torno de línguas. Há a tendência inglesa: Inglaterra, Irlanda e por aí fora. Há a tendência alemã: Alemanha, Suíça, Áustria. E, depois, há a tendência latina: Portugal, Espanha, Itália. [E fazer parte desse, chamemos-lhe assim, eixo Sul tem alguma desvantagem?] *Não, enquanto representantes não há desvantagens nem vantagens. Mas eu diria que eles têm mais força. Os alemães e os ingleses têm mais força do que os países do Sul.* [...] *Há um aspecto importante. Quando eu entrei para o Conselho Restrito nem todos os países tinham assento no Conselho Restrito e houve uma eleição. Havia três candidatos de diferentes países: Portugal, Holanda e Irlanda. Qual foi a vantagem de dominar outra língua? Eu, naquela altura, servia de elo de ligação entre a língua latina e a germânica. Eu dominava ambas as línguas. Para mim foi fácil, com o à vontade que tinha com os espanhóis e os italianos que queriam que um latino estivesse no Conselho Restrito, arranjar no balneário uma forma de ser eleito.* (Representante dos trabalhadores do CEE da Zurich, 01.02.2007)

> *Nestes grupos há sempre países que se juntam para tentar ter mais representatividade. Normalmente o que acontece é que se juntam os países do mediterrâneo: Portugal, Espanha, Grécia, Itália, Chipre e Malta. E esses países juntam-se no sentido de ter maior representatividade, porque são países relativamente pequenos e a única forma de terem representatividade é unirem-se para terem mais força. A colega espanhola do secretariado representava o mediterrâneo [...]. [O que eu pergunto é se há uma disputa para ter* lugar no Conselho Restrito?] *Há, claro que há! Os alemães pretendem sempre ter mais lugares, o que até é compreensível porque são quem tem mais trabalhadores. Os outros países acabam por se juntar no sentido de ter alguma representação também.* (Representante dos trabalhadores do CEE da Allianz, 02.02.2007)

Apenas um número limitado de representantes portugueses participam nos Conselhos Restritos (Quadro 50), o que não impede, porém, um reconhecimento da sua importância (Quadros 51 e 52). Os factores impeditivos da participação dos representantes portugueses nos Conselhos Restritos prendem-se, por um lado, com a impossibilidade de se exercer funções de representação a tempo inteiro e, por outro, com o défice de competências linguísticas.

QUADRO 50. Participação dos representantes portugueses no Conselho Restrito

	N	%
Sim	8	30,8%
Não	18	69,2%
Total	26	100%

QUADRO 51. Avaliação da importância do Conselho Restrito

	N	%
Sim	23	95,8%
Não	1	4,2%
Não responde	2	8,3%
Total	24	100%

QUADRO 52. Avaliação da importância dos Conselhos Restritos, por participação

	Importância dos Conselhos Restritos	
Participação no Conselho Restrito	Sim	Não
Sim	8	0
Não	15	1
Total	23	1

No âmbito das razões subjacentes à importância dos Conselhos Restritos, de entre um conjunto de itens propostos pelo inquérito, os representantes portugueses valorizaram sobretudo o acesso à informação, a possibilidade de reunir mais vezes com as administrações e a possibilidade de sensibilizar as administrações para questões locais (Quadro 53). Este último aspecto será importante para compreender a lógica de participação dos representantes portugueses que designamos como «orientada por e para objectivos locais».

QUADRO 53. Factores de valorização dos Conselhos Restritos

	N	%
Garante um acesso privilegiado à informação	13	61,9%
Garante um maior número de reuniões com as administrações	11	52,4%
Permite sensibilizar para questões locais	9	42,9%
É um órgão com mais poder/reconhecimento	8	38,1%
É um órgão com mais influência	6	28,6%

Em suma, a importância estratégica dos Conselhos Restritos resulta de diversos factores: primeiro, dada a sua dimensão mais reduzida, possuem maior facilidade de mobilidade e maior probabilidade de criar consensos internos; segundo, mantêm contactos mais regulares com a administração; terceiro, intervêm em diversos momentos-chave do funcionamento dos CEEs (como a definição das agendas das reuniões); quarto, podem tratar de casos concretos dando assim *conteúdo* aos CEEs (diferentemente do que se trata nas reuniões ordinárias onde «é tudo demasiado vago»).

A crescente importância dos Conselhos Restritos representa, aliás, uma constatação extensível à generalidade dos CEEs. Prova disso é o resultado do estudo de J. Waddington (2006a: 43; 2006c) no qual os representantes que participam em Conselhos Restritos, ao contrário dos restantes membros dos

CEEs, se afirmam mais satisfeitos com a quantidade e qualidade da informação que recebem. J. Waddington (2006c: 9) sugere, a este propósito, a existência de *insiders* e *outsiders* no seio dos CEEs, com os primeiros a garantirem um acesso privilegiado a informação pelo facto de ocuparem cargos nos CEEs (presidentes dos CEEs, membros do Conselho Restrito, etc.). Esta constatação reforça a existência de participações diferenciadas e assimétricas no seio dos CEEs, colocando em evidência a importância das relações de poder num órgão que, à partida, se deveria pautar pela horizontalidade das suas relações.

2.2.4. *Balanço das reuniões dos Conselhos de Empresa Europeus*

O balanço global das reuniões permite-nos, desde já, avaliar da eficácia dos CEEs para cumprirem o seu duplo objectivo de informação e consulta. No entanto, é necessário ressalvar que à dimensão funcional destas instâncias (Béthoux, 2004a) devem ser associadas as suas *possibilidades práticas* (Didry *et al.*, 2005), que ultrapassam, estas sim, o âmbito da informação e consulta. O balanço das reuniões terá por objectivo avaliar a dimensão funcional dos CEEs, enquanto que o balanço global dos CEEs, desenvolvido mais adiante, se centrará nas possibilidades práticas abertas pelos CEEs.

Os representantes portugueses apontam, desde logo, dois factores de carácter organizacional que, à partida, limitam a possibilidade de melhorar o direito de informação e consulta: a periodicidade das reuniões, principalmente quando se realizam uma única vez por ano; e o tempo das reuniões, quando limitadas a um único dia. Esta é, aliás, uma das questões recorrentemente apontada pelos representantes portugueses relativamente aos aspectos que deveriam ser alterados para melhorar o desempenho dos CEEs. Crítica que não é exclusiva dos representantes portugueses, já que um inquérito aos representantes dos trabalhadores dinamarqueses revelou que o aumento do número e da duração das reuniões seria fundamental para melhorar o funcionamento dos CEEs (EIRR, 2000). S. Weston e M. Lucio (1997: 775) vão mesmo mais longe, ao referirem que a limitação do tempo das reuniões e da periodicidade das reuniões faz, a par do controlo sobre a agenda, parte da estratégia das multinacionais para limitar o conteúdo da informação transnacionalmente difundida.

> *Nada funciona só com um CEE a reunir uma vez por ano! Nem pensar!* (Representante dos trabalhadores do CEE da Continental Teves, 23.01.2007)

AS EXPERIÊNCIAS DOS REPRESENTANTES PORTUGUESES EM CONSELHOS DE EMPRESA EUROPEUS

Deveria haver mais reuniões. Uma reunião é o mínimo! Cumpre-se a Directiva e ponto final! (Representante dos trabalhadores do CEE da Tenneco, 23.01.2007)

Claro que todos temos noção de que o tempo é pouco e que está todo preenchido. Nas reuniões, pelo menos na reunião preparatória, a opinião é de que as reuniões deveriam ter, pelo menos, mais um dia. Isso era importante para as pessoas se conhecerem, para criar laços, trocar experiências. (Representante dos trabalhadores do CEE da Saint-Gobain, 21.12.2006)

Quantidade, qualidade e pertinência da informação

A posição dos representantes portugueses entrevistados relativamente à informação oscila entre uma avaliação positiva, na medida em que faculta uma visão global das actividades e dos problemas da multinacional até aí inacessíveis, e uma avaliação de pendor mais negativo (e talvez mais generalizada apesar de tudo) sustentada no carácter excessivamente técnico da informação e na sua fraca relevância prática. Um défice *qualitativo* de informação ao qual se adiciona, portanto, um excesso *quantitativo* de informação técnica.

O excesso de informação técnica é uma das críticas recorrentemente reiterada pelos representantes dos trabalhadores portugueses. O relatório conjunto elaborado pela ETUC, a UNICE/UEAPME e o CEEP (2005) assinala, a este propósito, que a difusão de informação, principalmente de informação de carácter mais técnico, deveria ser acompanhada pela possibilidade dos representantes compreenderem adequadamente essa informação, o que passa necessariamente pela promoção de acções de formação ou, em alternativa, pela possibilidade dos representantes poderem recorrer aos peritos.[42] Uma outra alternativa encontra-se no apoio prestado pelos sindicatos ou pelas federações nacionais onde os representantes se encontram filiados. Uma proposta que vai mais no sentido de uma *sindicalização* dos CEEs.

Há muita informação técnica. Não sei se é de propósito ou não, mas é muito técnico. (Representante dos trabalhadores do CEE da Zurich, 01.02.2007)

---

[42] Alguns autores são, aliás, categóricos na afirmação de que os representantes dos trabalhadores nos CEEs não possuem uma formação que lhes permita compreender adequadamente o funcionamento das multinacionais (Wills, 2001; Waddington e Kerckhofs, 2003).

> *Não havia informação concreta, nenhuma informação que tivesse valor, nenhuma informação que a gente não lesse nos jornais. Portanto, as informações que eram prestadas não tinham qualquer interesse ou valor para um trabalho sindical, para o desenvolvimento do trabalho sindical. [...] Eu diria que não há informação. O objectivo da Directiva era que houvesse informação privilegiada aos trabalhadores. Não é informação que qualquer um pode ler nos jornais. Na prática não há informação privilegiada. Ou porque se argumenta com o sigilo ou porque de facto nas reuniões a empresa se limita a elaborar e apresentar um relatório de factos consumados, de decisões que já foram tomadas e que estão em execução.* (Representante dos trabalhadores do CEE da Allianz, 02.02.2007)

> *A principal ideia é que os CEEs são úteis pelo leque de informações que proporcionam, agora é preciso ter consciência das suas funções e dos objectivos do CEE. É preciso saber filtrar o que é informação e o que é, passo a expressão, «banha da cobra», que está tudo bem, que isto é tudo um mar de rosas, etc. [...] É verdade que, por vezes, a informação é quase nula. Há reuniões em que só se fala desta ou daquela unidade que está com problemas e fica pouco tempo para tratar do resto. Quando é assim, há pouca informação nacional para devolver aos trabalhadores. [...] A Federação tem economistas, advogados, etc. que nos ajudam a per-ceber os documentos* [provenientes do CEE]. *Eu acho que isso é importante e, neste sentido, os CEEs são importantes.* (Representante dos trabalhadores do CEE do Grupo Renault, 18.12.2006)

A informação difundida em sede dos CEEs implica, pois, por parte dos representantes dos trabalhadores, um esforço de "filtragem" que lhes permita dispor, de facto, de informação relevante na base da qual possam sustentar a sua acção (em sede dos CEEs como a nível local) e proceder, posteriormente, à devolução da informação junto do colectivo dos trabalhadores que representam. Este exercício torna-se tanto mais difícil quanto se sabe que a informação relativa às filiais nacionais tende a ser relegada para segundo plano quando comparada com a informação transnacional, cuja relevância é à partida menor para os representantes portugueses. É neste sentido que os resultados relativos à avaliação das questões objecto de informação e consulta em sede dos CEEs (Gráfico 21) e à avaliação da informação divulgada em sede dos CEEs (Quadro 54) devem ser lidos.

GRÁFICO 21. Avaliação das questões objecto de informação e consulta

Orientados que estão por e para objectivos locais, os representantes portugueses avaliam a informação divulgada nos CEEs como insuficiente em função do défice de informação de nível local. Nesta medida, os CEEs representam uma fonte de informação secundária (Waddington, 2006c: 9), não apenas quando comparados com os mecanismos nacionais de acesso a informação, mas igualmente pela possibilidade dos representantes poderem confrontar informações de escalas distintas, tendo por interlocutores representantes da administração efectivamente detentores de poder.

QUADRO 54. Avaliação da informação divulgada nas reuniões dos CEEs

	N	%
Suficiente	7	26,9%
Insuficiente	18	69,2%
Outra situação*	1	3,8%
Total	26	100%

* Divulgação da informação depende da situação interna da multinacional

Quando o senhor me estava lá a mostrar os gráficos e aqueles números todos, aquilo não me interessava para nada. Eu queria era saber das condições de trabalho dos trabalhadores em Portugal. Salários, direitos, tudo isso. (Representante dos trabalhadores do CEE da Honeywell, 11.01.2007)

A questão é: vai haver despedimentos ou vai encerrar algum serviço em Portugal? E a resposta que nos dão é: as questões que são colocadas aqui são de âmbito geral e não de âmbito nacional. Ou seja, isto é um pouco caricato porque assim os representantes locais não vão lá fazer nada. Se é para comunicar a estratégia da empresa a nível do Grupo, então basta que comuniquem isso ao representante espanhol, por exemplo, que ele depois transmite. Porque é uma estratégia global... (Representante dos trabalhadores do CEE do Grupo Santander, 25.01.2007)

A diferença é esta: a informação que eu tenho no CEE é relativa ao Grupo e cá é relativa a Portugal. (Representante dos trabalhadores do CEE do BBVA, 26.01.2007)

Oportunidade da informação, efectividade da consulta e capacidade de influência dos CEEs

A abordagem da questão da oportunidade da informação em sede dos CEEs não se faz sem ter em consideração, por um lado, a efectividade da consulta (expressão, ainda, da dimensão funcional dos CEEs) e, por outro, a capacidade de influência dos CEEs (expressão, esta sim, das possibilidades práticas dos CEEs). Ao binómio informação e consulta, previsto formalmente pela Directiva, adiciona-se um terceiro elemento, a influência dos representantes dos trabalhadores nos processos decisórios, que se encontraria no cerne da realização prática destas três dimensões associadas aos CEEs (Figura 6).

FIGURA 6. O triângulo: oportunidade da informação, efectividade da consulta e capacidade de influência

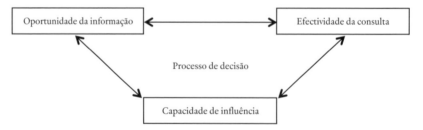

A capacidade para influenciar decisões, pode ser definida como "a obtenção de determinados resultados ou efeitos que não teriam sido alcançados sem um esforço de intervenção no processo de decisão; simultaneamente, os resultados deste modo atingidos devem poder ser considerados favoráveis ou vantajosos por aquele ou aqueles que procuraram influenciar a decisão" (Knudsen, 2003a: 6). A troca de opiniões e o estabelecimento de um diálogo entre administração e representantes dos trabalhadores – a «consulta», nos

AS EXPERIÊNCIAS DOS REPRESENTANTES PORTUGUESES EM CONSELHOS DE EMPRESA EUROPEUS   143

termos definidos pela Directiva [art. 2º, nº 1, al.f)] – numa fase preliminar a qualquer processo de decisão afigura-se como uma das condições de consubstanciação dos CEEs. Porém, à imagem do que acontece na generalidade dos CEEs (Buschak, 2004; Waddington, 2006c), também os CEEs onde participam representantes portugueses continuam a pautar-se pelo monólogo e pela ineficácia da influência nas decisões.

Considerando os três vértices do triângulo, verificamos, desde logo, que os representantes portugueses são categóricos na afirmação de que só em cerca de 1/3 dos casos as informações são transmitidas e discutidas previamente à tomada de decisões (Quadro 55).

QUADRO 55. Oportunidade da informação

	N	%
Sim	9	34,6%
Não	17	65,4%
Total	26	100%

Portanto, ou não informa ou informa com prazos que não permitem qualquer acção ou o CEE dá uma parecer, mesmo que seja negativo, que nunca é vinculativo. (Representante dos trabalhadores do CEE do Grupo Renault, 18.12.2006)

Fomos informados que ia acontecer e pronto. (Representante dos trabalhadores do CEE da Unilever JM, 19.01.2007)

O espaço para a consulta, por sua vez, que pressupõe mais do que o intercâmbio de opiniões ou pontos de vista e mais do que a difusão de informações sobre decisões já tomadas de "cima para baixo", é igualmente deficitário (Quadros 56 e 57). De resto, os representantes que referem o défice

QUADRO 56. Oportunidade da consulta

	N	%
Sempre	4	15,4%
Quase sempre	8	30,8%
Quase nunca	10	38,5%
Nunca	4	15,4%
Total	26	100%

QUADRO 57. Avaliação da consulta

	N	%
Suficiente	11	42,3%
Insuficiente	15	57,7%
Total	26	100%

de oportunidade da informação são igualmente aqueles que expressam uma opinião negativa relativamente à oportunidade da consulta (Quadro 58).

QUADRO 58. Oportunidade da informação e oportunidade da consulta

	Oportunidade da informação	
Oportunidade da consulta	Sim	Não
Sempre	3	1
Quase sempre	4	4
Quase nunca	2	8
Nunca	0	4
Total	9	17

Mas os CEEs não têm um poder consultivo. Por isso, o que tentam é mostrar à empresa-mãe quais são os problemas. Os CEEs podem fazer muito pouco. Eu falo por mim, porque temos reuniões aqui no sindicato e há outros membros de CEEs que dizem que fazem isto e aquilo. Eu bem queria poder fazer mais, mas não posso. Posso dar a minha opinião, mas ter uma acção, ter intervenção, isso não. É muito informativo. (Representante dos trabalhadores do CEE da Solvay, 22.01.2007)

Antes de mais vou-lhe dizer que consulta não existe. O que é a consulta de que a Directiva fala? O perito que esteve no seminário dizia-nos que a questão da consulta está referida em inúmeros acordos e ninguém sabe o que é que significa a consulta. Ainda está tudo por perceber e o melhor seria que se definisse o que é a consulta. Nós entendemos que é um pedido de opinião prévia antes de tomar decisões. [...] Mas isso não acontece. Pelo menos eu não tenho experiência disso e, pela informação que passou por este perito, isso na prática não funciona. [...] *A administração não vai consultar os representantes dos trabalhadores antes de tomar ou adoptar qualquer tipo de estratégia. Eles comunicam-nos factos consumados, estratégias delineadas.* [...] *O exercício de uma consulta prévia à implementação de uma estratégia deveria ser o ponto fundamental da existência dos comités. Que os representantes dos trabalhadores pudessem ser ouvidos antes da tomada de uma decisão. Porque todos sabemos que estamos numa fase de multinacionais monstruosas, não é?* (Representante dos trabalhadores do CEE do Grupo Santander, 25.01.2007)

Finalmente, regra geral, as decisões das administrações já estão tomadas quando são comunicadas aos representantes dos trabalhadores. Ainda que estes possam dar a sua opinião e manifestar-se contra tais decisões ou em favor da sua reconsideração, não poderão fazer mais do que isso. A quantidade e a unanimidade em termos sectoriais das opiniões expressas a este respeito revelam taxativamente a centralidade desta limitação imputada aos CEEs.

Ninguém nos informa de nada. Não sabemos de nada. Só depois das coisas acontecerem é que somos informados. [...] *A empresa-mãe decide e ponto final. Toda a informação que eles não quiserem passar, não passa* [...]. *As pessoas só são informadas quando os factos estão consumados. A informação só aparece quando já não há nada a fazer.* [...] *A decisão estava tomada e a decisão é unilateral. Não temos influência, não temos poder, não se passa nada.* (Representante dos trabalhadores do CEE da Honeywell, 11.01.2007)

Eu não vou dizer que é inútil, porque não é. É bom as pessoas se encontrarem, falarem, trocarem ideias... Ficamos a saber o que é que se passa a nível de cada empresa do Grupo, mas em termos práticos... Se se for para o CEE dizer que vai fechar uma fábrica em Inglaterra, nós dizemos que não devia fechar, mas o nosso poder fica por aqui. Este órgão é informativo. Se eles decidirem que se deve fechar, fecha! (Representante dos trabalhadores do CEE da Tenneco, 23.01.2007)

Se a administração tomar uma decisão é muito difícil alterá-la. É impossível. São multinacionais, não é?! [...] *O CEE não tem qualquer hipótese. Faz pressão mas não passa disso. Quantas multinacionais fecharam em Portugal? Nós aqui tivemos de aceitar as 40 horas ou fechávamos. Houve uma empresa no Reino Unido que não aceitou e fechou. 3000 pessoas para a rua!* [...] *A gente mostra o nosso desagrado mas não há força. Há empresas que fecham não por serem inviáveis mas para enviarem um sinal positivo aos accionistas. Fecham por uma questão de estratégia. No nosso caso, foram as 40 horas: ou fazíamos as 40 horas ou fechávamos. A política do Grupo é 40 horas e mais nada!* (Representante dos trabalhadores do CEE da Continental Teves, 23.01.2007)

A incapacidade de influenciar decisões é a grande limitação dos CEEs. Mas também temos que perceber que nós representamos as abelhas mas eles é que são os donos da colmeia. Seja de forma mais pacífica ou mais conflituosa, se uma decisão está tomada dificilmente se altera! (Representante dos trabalhadores do CEE da Unisys, 25.01.2007)

Se a administração comunicar alguma medida que vai ser tomada, essa ou já está em fase de implementação ou já está implementada e nós deixamos de ter voz activa. O que devia ser ao contrário: antes de tomarem as medidas deviam consultar o CEE. (Representante dos trabalhadores do CEE da Zurich, 01.02.2007)

[A partir do momento em que há a informação que a fábrica da Ecco de Pinhel vai fechar, o que é que o CEE pode fazer?] *O CEE não pode fazer nada! A decisão já está tomada. Quando a informação é transmitida, já a decisão foi tomada.* (Representante dos trabalhadores do CEE da Ecco Let, 15.12.2006)

Na sua formulação, a Directiva 94/45/CE não contem qualquer provisão que garanta aos representantes dos trabalhadores o direito de negociar com a direcção central ou de exercer qualquer influência nos processos decisórios (Knudsen, 2003a).[43] Em termos formais, as possibilidades para influenciar decisões dependem, pois, exclusivamente da obrigação, essa sim estabelecida pela Directiva, para informar e consultar os representantes dos trabalhadores relativamente a um conjunto de questões definidas no ponto 2 do Anexo e que, regra geral, irão constituir-se como as questões objecto de informação e consulta em sede dos CEEs definidas pelos acordos.

A possibilidade de influenciar decisões depende, pois, do acesso à informação, da qualidade da informação, da oportunidade da informação, dos modos de exploração da informação por parte dos representantes e da conci-

---

[43] Facto que se torna patente na escassez de acordos de CEEs que estabelecem nas suas competências a possibilidade de negociar acordos. Segundo M. Carley (2001:12), são extremamente raros os acordos de CEEs que mencionam a negociação de textos conjuntos no âmbito dos CEEs. Nos escassos acordos que atribuem competências de negociação aos CEEs, os procedimentos a adoptar e os termos segundo os quais devem ser redigidos os textos conjuntos raramente são descritos em pormenor e permanecem vagos. Além disso, nos acordos que não reservam qualquer espaço para o papel de negociação dos CEEs, as perspectivas de esse papel se vir a desenvolver na prática são frequentemente limitadas por provisões que excluem, à partida, a negociação das competências dos CEEs ou que excluem a discussão de determinadas questões no âmbito dos CEEs.

liação de interesses entre administrações e representantes dos trabalhadores em torno de determinadas questões. Assim, a consulta efectiva-se a partir do momento que a direcção central tem em conta as propostas dos representantes e modifica as suas decisões incorporando essas propostas através da negociação e o estabelecimento de acordos formais ou informais sobre determinadas matérias.[44]

A reduzida capacidade dos CEEs nos quais participam representantes portugueses para influenciar decisões, extensível à maioria dos CEEs, encontra-se na base da opinião generalizada de que os CEEs carecem de poder de decisão e de acção, o que relativiza a sua importância.[45]

Princípio da confidencialidade: restrição à participação e legitimidade

Como tivemos ocasião de verificar no capítulo 3, o princípio da confidencialidade, previsto no artigo 8º da Directiva, aparece em quase 90% dos acordos de CEEs onde participam representantes portugueses. O recurso ao princípio da confidencialidade pelas administrações é igualmente uma prática em sede dos CEEs, como se pode verificar no quadro 59.

QUADRO 59. Recurso ao princípio da confidencialidade

	N	%
Sim	8	30,8%
Sim, mas o recurso à confidencialidade justifica-se para proteger a multinacional	10	38,5%
Não	8	30,8%
Total	26	100%

Os representantes portugueses expressam mais significativamente duas posições relativamente ao princípio da confidencialidade. Primeiro, reconhecem que circulam nos CEEs informações sobre estratégias, negociações, etc.

---

[44] Para uma análise de acordos formais negociados por CEEs, *Vide* Carley (2001); Da Costa e Rehfeldt (2006a, 2006b, 2006c, 2007).

[45] Num inquérito conduzido em 2005 aos representantes em CEEs de multinacionais de 196 países (com uma taxa de resposta de 19,8%), J. Waddington (2005; 2006a; 2006b; 2006c) verificou que apenas 2% afirmaram que os CEEs detêm alguma possibilidade de influenciar decisões.

que, se veiculadas, poderiam ter efeitos prejudiciais. O princípio da confidencialidade encontra-se, assim, legitimado pela salvaguarda dos interesses das multinacionais e dos trabalhadores.[46]

> *Há coisas que não se podem trazer cá para fora. E há coisas importantes, coisas que poderiam afectar a empresa.* (Representante dos trabalhadores do CEE da Crown, Cork & Seal, 30.01.2007)

> *Toda a gente percebe que há coisas que se têm de manter confidenciais para salvaguardar o Grupo...* (Representante dos trabalhadores do CEE do Grupo Renault, 18.12.2006)

> *Só por razões comerciais é que podem ter de esconder alguma coisa. [...] Mas a Unisys, por razões comerciais, não contou a história toda* [sobre um desinvestimento numa área específica] *e na última reunião isso foi levantado e a questão foi posta ao responsável pelo departamento jurídico. E o que ele disse foi que tínhamos de ter paciência, que havia informação que não podiam divulgar. Mesmo tendo ficado estabelecido que a informação que circula no CEE é confidencial, há informação que não pode sair dali. Há sempre o risco de alguma informação ser passada aos delegados sindicais, às CTs, etc. e não pode. O que ele disse é que enquanto houver negociações a decorrer, qualquer fuga de informação pode ser penalizante para a companhia.* (Representante dos trabalhadores do CEE da Unisys, 25.01.2007)

No entanto, os representantes portugueses identificam claramente os efeitos limitativos do princípio da confidencialidade, e esta é a segunda posição, sendo este considerado como um obstáculo em termos de acesso à informação – informação de qualidade, principalmente – e em termos de devolução da informação ao colectivo de trabalhadores.

---

[46] São menos recorrentes as situações em que a legitimidade do princípio da confidencialidade assenta no reconhecimento dos CEEs como um espaço de intervenção distinto dos espaços nacionais e locais: *Essa é uma das razões pela qual eu não vou poder dar-lhe muita informação. Quando nós fomos para lá assinámos um acordo de confidencialidade. Enquanto eu estiver ligado à Continental, não posso falar de nada do que se passa nas reuniões do CEE. Todos os assuntos que lá são tratados têm sempre a ver com alguma coisa com implicações nos interesses dos trabalhadores e das respectivas fábricas. E isso tem que ser resolvido internamente. Por isso é que há coisas que se passam no CEE que eu nem posso trazer para a CT.* (Representante dos trabalhadores do CEE da Continental Teves, 23.01.2007).

No primeiro caso, a importância de determinadas informações para as multinacionais serve de pretexto para a omissão de informação, que, por sua vez, reflecte um défice de confiança das administrações relativamente aos representantes dos trabalhadores. Estes, por seu lado, privados do acesso à informação de qualidade ou impedidos de divulgar informação, tendem a desvalorizar o papel dos CEEs e a questionar as suas possibilidades práticas.

> *A confidencialidade tem servido de argumento às administrações para não fornecer qualquer informação aos trabalhadores. Mesmo nos despedimentos, a empresa serve-se do argumento da influência de qualquer informação no mercado bolsista. No fundo, tudo pode ter influência! Esse é sempre o argumento para não prestarem qualquer tipo de informação de valor.* (Representante dos trabalhadores do CEE da Allianz, 02.02.2007)

> *Por outro lado, há informações que eles se escusam a dar ou que mesmo que as dêem, invocam também a questão, prevista na Directiva, da confidencialidade. Então, mais uma vez, para o que é que serve? [...]. Mas até que ponto é que é útil ter uma informação que não posso usar? O que é que eu posso fazer se tenho conhecimento de um facto e não o posso tornar público e ter uma reacção. Para se poder fazer alguma coisa tem que se tornar a informação pública. Mas isto, tal como a questão da consulta, não é propriamente falha do acordo. Eu entendo que é falha da própria Directiva.* (Representante dos trabalhadores do CEE do Grupo Santander, 25.01.2007)

> *Para nós a confidencialidade é uma coisa que não tem muito cabimento. Se vamos lá e começam a limitar as coisas, o que é que estamos lá a fazer?* (Representante dos trabalhadores do CEE da Power Controls, 09.01.2007)

No segundo caso, a limitação imposta pela confidencialidade à difusão de informação constitui, na óptica dos representantes portugueses, um claro impedimento à acção dos CEEs. O princípio da confidencialidade é, deste modo, portador de um *efeito paralisante* quer em termos de acção dos CEEs como um todo, quer em termos de acção dos representantes dos trabalhadores a nível local. De resto, o acesso a determinadas informações por parte dos membros dos CEEs pode conduzi-los a confrontarem-se com a fidelidade que devem aos trabalhadores que representam e o respeito do dever de confidencialidade que devem ao CEE. No caso de terem acesso a informações que serão prejudiciais para os trabalhadores nacionais – reestruturações, perdas de produção, etc. – deverão ou poderão manter a confidencialidade? Em cenário de crise (reestruturações, encerramentos, etc.) a opção pela não divulgação de informação por parte dos representantes dos trabalhadores, pode igualmente assumir um carácter legítimo se tiver por objectivo *ganhar tempo* para definir uma estratégia.

> *Quando foi a reestruturação da empresa eles disseram logo que não se podia falar daquilo lá fora. Eu concordei porque só ia criar pânico. Se eu chegasse aqui a Portugal e dissesse que a empresa se ia reestruturar, criava-se um tal pânico que toda a gente assinava logo o acordo para ver se apanhavam a indemnização. Ia logo tudo a correr. E em vez de serem 300 eram 1.000 e se fossem 1.000 deixávamos de ser necessários e iam todos! E calei-me.* (Representante dos trabalhadores do CEE da Ecco Let, 15.12.2006)

> *O que entendo é que a confidencialidade não me pode impedir de tratar a informação à minha maneira e de dar informação aos trabalhadores. O que não posso é prejudicar a empresa. A confidencialidade tem a ver com o facto de haver projectos, por exemplo, o lançamento de um novo carro, que não podem cair na mão da concorrência. [...] Posso filtrar a informação e restituir o mais importante sem violar a confidencialidade. Eu não aceito ter segredos com o patrão. O que sei é para dizer aos trabalhadores. Se não puder divulgar a informação prefiro não a saber. Até porque muitas vezes a única razão para os documentos virem com o carimbo de confidencial é para limitar a nossa acção junto dos trabalhadores.* (Representante dos trabalhadores do CEE do Grupo Renault, 18.12.2006)

> *Esse é um dos grandes problemas dos CEEs. É tudo confidencial, mesmo as coisas que não têm interesse nenhum. É que depois o problema também se põe na divulgação da informação.* (Representante dos trabalhadores do CEE da Solvay, 22.01.2007)

> *Quando há uma coisa confidencial eles dizem que é confidencial, mas ainda não houve nada. [...] Porquê? Simplesmente porque se forem informações confidenciais não as divulgam! Portanto, não temos problemas com a confidencialidade! Isso só quer dizer que não há confiança. O que se percebe porque se numa reunião me dissessem confidencialmente que o banco em Portugal ia fechar acho que não seria capaz de ficar calado. Há coisas que até para nós vale mais não saber.* (Representante dos trabalhadores do CEE do BBVA, 26.01.2007)

> *E isso* [princípio da confidencialidade] *nós não aceitamos. Nem faremos. Faremos unicamente em relação àquelas matérias que eles nos dão sob reserva da confidencialidade. De resto não. De resto, tudo o que se lá passar, e eles sabem porque nós já lhes manifestámos isso, tudo o que se lá passar será para dar conhecimento aos trabalhadores. Aquelas coisas, relativamente às quais eles pedem confidencialidade, que ponham em causa postos de*

trabalho, não aceitaremos a confidencialidade. (Representante dos trabalhadores do CEE da Transdev, 04.12.2006)

Os contactos entre os membros dos Conselhos de Empresa Europeus e as redes informais

Embora avaliados como fundamentais, os contactos entre os representantes portugueses e os restantes representantes dos CEEs revelam-se escassos (Quadro 60). Duas situações são aqui plausíveis: uma primeira, que levaria a pensar na inexistência de redes de contactos entre os representantes para além dos espaços formais de encontro dos CEEs; e uma segunda, que apontaria para a existência dessas redes e, consequentemente, para uma capacidade diferenciada dos representantes para as integrarem. No caso dos representantes portugueses, estamos mais inclinados para a segunda possibilidade, ainda que, é bom reforçá-lo, sejam provavelmente redes assentes mais em laços fracos do que em laços fortes (como se atesta abaixo nos próximos testemunhos).

QUADRO 60. Frequência dos contactos com membros do CEE

	N	%
Frequentes	4	15,4%
Pontuais	8	30,8%
Apenas quando é necessário	10	38,5%
Inexistentes	4	15,4%
Total	26	100%

A nível nacional, verifica-se igualmente um défice de encontros entre os representantes portugueses. Na verdade, pode assinalar-se, por um lado, a realização de encontros pontuais organizados por confederações sindicais nacionais (encontros, por isso, selectivos) e, por outro, encontros nacionais organizados por outras organizações. Assim, não só são escassas as redes de contactos entre representantes de diferentes sectores de actividade (o que causa menor surpresa, ainda que um sector onde se alcançaram "boas práticas" pudesse e devesse servir de referência para outros), como, mais surpreendente, entre representantes do mesmo sector de actividade.

AS VOZES DO TRABALHO NAS MULTINACIONAIS

> *Era preciso que os representantes se encontrassem, que trocassem experiências, que se visse o que é que cada um tem conseguido tirar do respectivo CEE, etc. Os métodos de trabalho são diferentes. Apesar de ter alguma experiência em sindicatos e nas CTs aquilo é completamente diferente. Se levasse algumas bases era muito diferente.* (Representante dos trabalhadores do CEE da Unilever JM, 19.01.2007)

> *Precisávamos de ver outras experiências, precisávamos de trocar conhecimentos. Essa é uma falta que eu sinto.* [Mas não conhecem pessoas ou não têm contacto com pessoas de outros comités do mesmo sector?] *Nem do mesmo sector, nem de sector nenhum. Isso é uma falha muito grande.* (Representante dos trabalhadores do CEE da Smithfield, 17.01.2007)

Em sede dos CEEs, os contactos informais permitem aos trabalhadores terem acesso a informações às quais, ou não teriam acesso ou teriam acesso tardiamente. A informação permite, de facto, aos representantes ganharem uma posição de vantagem perante as administrações locais e esta será, sem dúvida, uma das principias razões para a valorização dos contactos informais, generalizada aos membros dos CEEs (Quadro 61). S. Weston e M. Lucio (1997: 768), no já referido estudo, verificaram que os delegados sindicais do Reino Unido conseguir alcançar concessões significativas por parte das administrações locais em resultado da informação obtida junto dos membros dos CEEs das fábricas alemãs.

QUADRO 61. Acesso a informação por via informal

	N	%
Sim	23	88,5%
Não	3	11,5%
Total	26	100%

É através do intercâmbio de informação que os representantes tomam conhecimento das diferenças entre sucursais e que procuram, muitas vezes através de alianças estratégicas, acederem a direitos, regalias, benefícios, etc. A valorização dos contactos informais não se prende, pois, exclusivamente com o facto de integrarem os CEEs representantes de diversas sucursais, mas ainda pelo facto dos CEEs permitirem aceder a um patamar superior de decisão.

AS EXPERIÊNCIAS DOS REPRESENTANTES PORTUGUESES EM CONSELHOS DE EMPRESA EUROPEUS

Tem que se tentar aproveitar os intervalos para ir conversando uns com os outros e tentar saber mais alguma coisa. E consegue-se! (Representante dos trabalhadores do CEE da Power Controls, 09.01.2007)

O que acontece nestas reuniões é que durante as apresentações e durante a discussão, há coisas que nos ficam no ouvido e é natural que, depois, durante o intervalo, as pessoas tentem aprofundar determinadas questões. Depois há as carraças que querem saber tudo e que andam sempre a perguntar aqui e acolá. Estas coisas dependem muito das pessoas que lá estão e das relações que criam entre si. Mas também a administração aproveita a conversa de corredor para tentar saber algumas coisas. (Representante dos trabalhadores do CEE da Unisys, 25.01.2007)

[Os contactos informais] *são os mais importantes porque muitas vezes em contactos formais não podemos dizer determinado tipo de coisas porque toda a gente nos cai em cima e porque toda a gente quer. Nos contactos informais estamos mais restritos, o número de pessoas, e podemos falar de algumas situações e expor alguns problemas que penso que são tomados em conta para futuras acções da própria empresa.* (Representante dos trabalhadores do CEE da Repsol, 08.01.2007)

A maximização dos contactos informais constitui, deste modo, uma estratégia comum aos representantes dos trabalhadores e implica que estes ultrapassem as suas divergências ideológicas. Mais difíceis de ultrapassar, porém, são as diferenças culturais e linguísticas que representam um obstáculo considerável à comunicação.[47]

O *problema da língua* atrasa os procedimentos dos CEEs. A circulação da informação faz-se de forma mais lenta ou, nalguns casos, faz-se entre aqueles que dominam a língua *franca* de um dado CEE. O Conselho Restrito adquire novamente uma posição de destaque na medida em que os seus membros dominam, na generalidade dos casos, a língua *franca* do CEE, o que lhes con-

---

[47] Como adverte Almeyer (2003), os problemas de compreensão intercultural são uma realidade e suscitam questões como: "Quais são os deveres dos representantes da força de trabalho na Alemanha, França, Grã-Bretanha e outros países? Quais são os sistemas de representação de empregados nesses países? Que atitudes demonstram os empregadores para com os representantes da força de trabalho nesses países individuais? Sem uma compreensão da legislação laboral e as diferentes culturas envolvidas, as discussões depressa podem redundar em mal entendidos – apesar da interpretação simultânea".

fere uma vantagem, principalmente em CEEs que apresentem um défice de circulação de informação de qualidade.

Os representantes portugueses, embora procurem *falar com toda a gente*, tendem a aproximar-se dos representantes com os quais possuem maiores afinidades linguísticas (espanhóis e italianos), representantes com os quais procuram, numa grande parte dos casos, forjar alianças.

> *Ia sempre comigo um tradutor mas falar nos corredores já não conseguia, só tinha conversas com os espanhóis e tal... Isso é uma limitação.* (Representante dos trabalhadores do CEE da Opel, 27.11.2006)

> *Durante as reuniões* [a língua não é um obstáculo] *porque há tradução. Ao nível do convívio é que é pior.* (Representante dos trabalhadores do CEE da Benteler, 23.01.2007)

> *Nós não queremos que o CEE seja uma estrutura que só se reúne uma vez por ano e mais nada. Tem que haver mais contactos. O que dificulta que haja mais contactos é a língua.* (Representante dos trabalhadores do CEE da Power Controls, 09.01.2007)

> *Embora, como é óbvio, quem fala alemão tem mais vantagens. Fazem-se logo grupos. O meu grupo era com espanhóis.* (Representante dos trabalhadores do CEE da Continental Teves, 23.01.2007)

> *Quem está mais próximo de nós, em termos de ideias, são os espanhóis, os franceses e os italianos. Mas aquilo é sempre confuso. Os italianos não falam nada, os espanhóis também não. É difícil.* (Representante dos trabalhadores do CEE da Unilever JM, 19.01.2007)

2.2.5. *Difusão da informação aos trabalhadores*

Não existe uma prática uniforme para a devolução da informação aos trabalhadores por parte dos representantes portugueses. Os plenários e os comunicados aparecem, porém, como os meios mais referidos (Quadro 62). Porém, outros meios como o correio electrónico, a intranet ou mesmo a produção de boletins informativos, como sucede no caso do CEE do Grupo BES, parecem apresentar-se como boas alternativas à convocação de plenários.

QUADRO 62. Processos de devolução da informação

	N	%
Via plenários	13	50%
Via comunicados	5	19,2%
Via intranet	2	7,7%
Informalmente	2	7,7%
Inexistente, por causa da confidencialidade	3	11,5%
Inexistente, porque não é prática	1	3,8%
Total	26	100%

Apesar dos representantes frisarem que não encontram obstáculos por parte das administrações locais para devolver a informação aos trabalhadores, a confidencialidade e a natureza da informação prestada em sede dos CEEs não suscita um interesse forte por parte dos trabalhadores. Do ponto de vista dos trabalhadores, a relevância da informação deriva directamente da sua influência nos locais de trabalho.

> *Em relação aos colegas não tenho conseguido fazer reuniões para lhes transmitir as coisas. [...] Reunir toda a gente é complicado. Passo é a informação pelas pessoas que me estão mais próximas e a informação vai circulando. Quando aceitei entrar para o CEE disse ao responsável pelos recursos humanos que ele devia convocar uma reunião com toda a gente e explicar-lhes que havia um CEE e para o que é que servia. Ainda não se conseguiu fazer nenhuma reunião. É verdade é que a informação tem de ser passada, mas o que me parece é que a informação que vem dos CEE não é o tipo de informação que interessa às pessoas. Algumas pessoas que tenho abordado olham é para o umbigo e não querem saber destas coisas. A faixa etária é muito jovem e este é um mercado onde há uma grande mobilidade e as pessoas acabam por não ter ligações às empresas. Ainda não entenderam que se andarem de multinacional em multinacional vão sempre deparar-se com estas coisas. Mas não dão importância às questões sociais.* (Representante dos trabalhadores do CEE da Unisys, 25.01.2007)

Por outro lado, reconhece-se um desinteresse generalizado da parte dos próprios representantes em mobilizar plenários que tenham por objectivo único a devolução da informação recebida nos CEEs. Este facto reforça a ideia amplamente manifestada pelos representantes de que a informação colhida nos CEEs não é, regra geral, suficientemente importante para justificar a mobilização dos trabalhadores. Naturalmente, em cenários de crise, altera-se a natureza da informação e, por esta via, o interesse dos trabalhadores.

> *A divulgação é uma dificuldade nossa, mas é mesmo nossa, porque ninguém nos impede de divulgar a informação. Mas há pouco interesse. Organizar um plenário é um bocado difícil. Há algum desinteresse e também há mais pressão sobre os trabalhadores. [...] Aproveito os plenários e no dia-a-dia vou falando com as pessoas.* (Representante dos trabalhadores do CEE da Tate & Lyle, 10.01.2007)

A devolução da informação representa um momento importante da *vida* dos CEEs, na medida em que influencia a receptividade dos trabalhadores relativamente aos CEEs e permite balizar as expectativas que lhes estão associadas. Quanto melhor os trabalhadores conhecerem os CEEs e as suas potencialidades mais realistas serão as suas expectativas. De facto, na análise das práticas dos CEEs, J. Beirnaert (2006: 10) encontrou evidências de uma indiferença relativamente aos trabalhos dos CEEs não apenas nos trabalhadores, mas nos próprios representantes, que deriva de um défice de comunicação, simultaneamente, interno (entre representantes) e externo (na devolução da informação ao colectivo dos trabalhadores). Como vimos acima, um recurso excessivo à confidencialidade e uma informação de reduzida qualidade e pertinência local são factores susceptíveis de enviesar a receptividade dos trabalhadores relativamente aos CEEs, forjando uma percepção, muitas vezes errónea, do papel e da participação dos representantes portugueses em sede dos CEEs.

Receptividade por parte dos trabalhadores

O que ficou explícito nas entrevistas é que existe um défice de conhecimento por parte do colectivo de trabalhadores relativamente ao papel, competências e possibilidades práticas dos CEEs que, aliadas à confidencialidade e à qualidade da informação, enviesam a percepção do colectivo de trabalhadores relativamente aos CEEs e concorrem para criar uma imagem dos CEEs como "espaços de turismo".

> *Um dos grandes problemas com que me deparei quando fui para Setúbal foi que as expectativas dos trabalhadores eram maiores em relação aos CEEs. Isto é, os trabalhadores achavam que o CEE lhes deveria solucionar determinadas situações. Por exemplo, na fábrica*

AS EXPERIÊNCIAS DOS REPRESENTANTES PORTUGUESES EM CONSELHOS DE EMPRESA EUROPEUS   157

de Setúbal há alguns problemas de higiene e segurança, nomeadamente ao nível dos fornos. E eles estavam convencidos que se o representante dos traba-lhadores denunciasse a situação no CEE, esta se resolveria. Tinham expectativas muito altas. [...] Eu costumo dizer-lhes que há determinados problemas que somos nós que temos que resolver localmente, que há acções mais efectivas se forem realizadas cá... (Representante dos trabalhadores do CEE da Alstom, 25.01.2007)

Muitos deles [trabalhadores] *não têm consciência do que são os CEEs. Aquilo, para eles, é um grupo de passeio. Os trabalhadores não sabem o que são os CEEs e a maior parte deles não quer saber.* (Representante dos trabalhadores do CEE da Solvay, 22.01.2007)

[Em termos de receptividade dos trabalhadores, eles têm consciência do vosso trabalho no CEE?] *Não há... Claro que se isso fosse uma coisa que aparecesse na televisão. A Directiva passou à margem das pessoas. Principalmente para o operariado. Não digo isso para desvalorizar, porque eu também sou um operário. Mas, por exemplo, é difícil pegar num livro, ler os jornais de uma determinada maneira, ter acesso a outro tipo de informação. Não estou ao corrente das coisas. Depois as pessoas não sabem. Claro que os trabalhadores sabem que eu vou lá, foram informados que tinha sido constituído o CEE. E depois as pessoas mais chegadas perguntam sempre e eu aproveito para ir divulgando. Mas as pessoas não têm o sentido verdadeiro das coisas. Porque eu só consigo falar com um grupo restrito, umas trinta pessoas. Esses trinta dão uma ideia aos outros, mas a questão é de saber como é que as coisas chegam aos outros. As coisas podem ficar um bocado distorcidas. Eu estou convencido que não há uma imagem real daquilo que são os CEEs.* (Representante dos trabalhadores do CEE da Tate & Lyle, 10.01.2007)

Nós estamos muito limitados, não temos poder. E depois há pessoas para quem aquilo é turismo. Mas as pessoas elegem-nos, se quiserem ir eles para lá têm de concorrer. O certo é que quando foi para o CEE eu era para ficar a suplente, era só para preencher a lista porque ninguém queria ir! (Representante dos trabalhadores do CEE da Ecco Let, 15.12.2006)

Como veremos, a escassez de resultados práticos a nível local propiciados pela acção directa dos CEEs pesa igualmente na percepção negativa dos trabalhadores.

Aliás, antes de ir a uma reunião, eu divulgava a ordem de trabalhos e tentava recolher opiniões sobre questões a colocar, etc. e, muito honestamente, eu creio que a questão dos CEEs passa um bocado ao lado dos trabalhadores. Os trabalhadores ainda não perceberam as nem as funções, nem os objectivos, nem a utilidade do CEE. Os meus colegas, uma vez que mesmo tendo actividade sindical trabalho na empresa, cada vez que eu ia a uma reunião diziam logo que eu ia era passear. Os trabalhadores não viram... Até porque, de facto, a verdade é que decorrido 10 anos os resultados da existência deste CEE são zero! Para os trabalhadores, os resultados não são significativos. (Representante dos trabalhadores do CEE da Allianz, 02.02.2007)

Eles [os trabalhadores] *têm consciência que isto está a dar para muito pouco. Há pessoas que perguntam: mas em que é que isso* [o CEE] *pode contribuir para nós ganharmos mais? E aquilo que se lhes responde, normalmente, é que a curto prazo provavelmente não é possível mas vamos ver o que é que podemos ganhar com isto. Depois há os outros que pensam que, de facto, não valia a pena participar se não estamos lá a fazer nada, se não conseguimos fazer nada. Mas isso tanto é lá como aqui. Mas as pessoas gostam de saber o que é que se passa nos outros países, o que eles disseram, o que é que não disseram, como é que funciona aqui, como é que funciona acolá.* (Representante dos trabalhadores do CEE da Transdev, 04.12.2006)

2.3. Balanço global dos Conselhos de Empresa Europeus

Três linhas de força emergem da visão global dos representantes sobre os CEEs: o défice de poder no seio das multinacionais; o défice de resultados práticos; e as potencialidades a explorar.

Em primeiro lugar, ainda que os CEEs sejam organismos orientados pela valorização e para o incremento da participação laboral, na óptica dos representantes portugueses aquelas instâncias não detêm poder suficiente para equilibrar as relações de força no seio das multinacionais. São a ausência de consulta e a reconhecida incapacidade dos CEEs para influenciarem decisões (Quadro 63), enquanto expressões de um défice de poder por parte dos CEEs, que estão aqui em causa. É, desta forma, compreensível que a aquisição

QUADRO 63. Capacidade dos CEEs para influenciar decisões

	N	%
Sim	10	38,5%
Não	16	61,5%
Total	26	100%

de um maior poder de decisão e de intervenção por parte dos CEEs apareçam como uma das dimensões reivindicadas pelos representantes portugueses para melhorar o desempenho dos CEEs.[48]

> *Isto faz lembrar um Governo com a maioria absoluta e a oposição, ou seja, a oposição fala, fala, fala, mas a maioria absoluta, a administração da Tenneco, é que decide. Nós reivindicamos, mas a decisão está sempre do outro lado. Isto é um órgão informativo. Eu acabei por ficar um bocado desiludido, porque pensava que ia haver mais acção, mais poder e não há. Quando nós colocamos os problemas, quando falamos nas deslocalizações, por exemplo, a nossa posição não é tomada em conta.* (Representante dos trabalhadores do CEE da Tenneco, 23.01.2007)

> *Como estou ligado ao sector sindical, eu vejo que nós temos uma filosofia completamente diferente. Nós defendemos os nossos interesses, propomos caminho para os nossos interesses e lá o próprio CEE tenta ir de encontro aos objectivos do Grupo, do outro lado da mesa. Há, da parte do CEE, uma atitude submissa. Enquanto que nós aqui* [sindicatos] *discutimos as coisas e apresentamos propostas, lá não. A outra parte apresenta as propostas e os trabalhadores é que têm de tentar encaixar as propostas à sua realidade.* (Representante dos trabalhadores do CEE da Unilever JM, 19.01.2007)

Decorrente do primeiro ponto, a segunda linha de força relativa à avaliação global dos CEEs, gravita em torno do défice de resultados práticos dos CEEs. Embora uma parte das sucursais portuguesas das empresas multinacionais consideradas não se tenha confrontado ainda com situações que permitissem avaliar cabalmente o poder efectivo dos respectivos CEEs, o facto de algumas sucursais estrangeiras terem enfrentado problemas graves (reestruturações, deslocalizações, encerramentos, etc.) sem que tenha sido possível inverter o sentido das decisões tomadas pelas administrações tende a reforçar o sentimento de ineficácia dos CEEs.

---

[48] Tal como acontece relativamente aos representantes portugueses, um inquérito aos representantes dos trabalhadores dinamarqueses revelou que uma das formas de melhorar o funcionamento dos CEEs passaria por conferir aos CEEs maior capacidade de negociação com a administração e pela aplicação de sanções no caso de incumprimento do estabelecido nos acordos, principalmente em termos de informação e consulta (EIRR, 2000: 28).

> *Eu acompanhei o processo* [de encerramento da Opel, Azambuja] *e a minha pergunta é: qual foi o resultado? O que é que o CEE da Opel fez? Não fez nada e não pode fazer nada! O CEE não tem poder! Os CEEs foram criados por uma Directiva comunitária, as empresas cumprem a lei e mais nada.* (Representante dos trabalhadores do CEE da Tenneco, 23.01.2007)

> *O CEE começa em 2004 e em 2005 houve uma empresa do Grupo onde houve despedimentos e não fomos informados. A mesma coisa aconteceu aqui em Portugal onde houve despedimentos e não fomos informados. O que é que eu fiz? Fiz um documento para a administração do banco em Madrid dizendo que sabia que estavam a ser negociadas res-cisões amigáveis – que não eram nada amigáveis porque as pessoas se vêem num beco sem saída – e que não tinha sido informado. [...] Resultado: vieram pedir desculpa dizendo que tinham falhado e tal. Este ano, 80 pessoas foram para a reforma, algumas com 47 ou 48 anos, e também não nos avisaram. Em Espanha, fecharam duas agências e não fomos informados. Depois o acordo diz que só se pode solicitar uma reunião extraordiná-ria se houver um problema que afecte os trabalhadores em dois países diferentes. No caso que estou a referir não afectava dois países mas o CEE deveria ter sido informado. Agora com o encerramento de agências em Espanha e em Portugal já podemos pedir a reunião extraordinária. Mas o que interessa aqui é que devíamos ter sido informados e não fomos. Agora vou fazer um relatório para mandar para Madrid, porque, entretanto, avisaram--me que iam fechar duas agências em França.* [Quer dizer que continuam a fazer exactamente as mesmas coisas como se o CEE não existisse?] *Exactamente. E nós na próxima reunião vamos denunciar isso tudo. Claro que em termos práticos vale o que vale.* (Representante dos trabalhadores do CEE do BBVA, 26.01.2007)

Na avaliação dos resultados práticos, estabelecemos uma distinção entre *interesses locais* e *solidariedade transnacional*. A defesa dos interesses locais pelos representantes nacionais encontra-se na base de um tipo de CEE cuja acção é fragmentada, individual e a competitividade entre sucursais a nota dominante (Hancké, 2000; Knudsen, 2003b; Bicknell, 2007). Designam-se estes CEEs como de serviços (*service providers*) ou orientados para projectos (*project-oriented*), na acepção de W. Lecher *et al.* (1999). No segundo caso, esta-mos perante CEEs que desenvolveram uma identidade comum que agrega diferentes interesses a nível supranacional e que se orientam pela aquisição de resultados igualmente transnacionais. São, neste caso, CEEs do tipo par-ticipativo (Lecher *et al.*, 1999) ou eurocêntrico (Bicknell, 2007). Na prática, porém, os CEEs dificilmente são manifestações puras destes tipos-ideais, mas parece-nos conveniente realçar a existência de uma maior propensão para a identificação de uma identidade laboral sempre que, genuinamente, se valoriza o papel da solidariedade transnacional. Mas atentemos, então, um pouco melhor na avaliação dos resultados práticos dos CEEs do ponto de vista dos interesses locais e da solidariedade transnacional.

Os interesses locais
Os representantes portugueses tendem a associar vantagens aos CEEs quando estes garantem alguns resultados práticos aos trabalhadores que directamente representam.

> *Eu sempre achei que havia ali qualquer coisa de vazio, porque nós não temos... Tudo corre muito bem, somos todos muito cordiais uns com os outros, as coisas correm às mil maravilhas, temos possibilidades de fazer coisas, pronto, aquelas reuniões e até nos proporcionam às vezes uma manhã de lazer ou qualquer coisa, mas nunca conseguimos trazer uma coisa palpável que disséssemos, trouxemos do comité e vamos aplicar aqui. Portanto, o comité para mim sempre foi um órgão só para receber informação.* (Representante dos trabalhadores do CEE da Smithfield, 17.01.2007)

> *As pessoas estão conscientes que este organismo não está a discutir salários, não está a discutir nada que lhes traga dinheiro, que lhes traga um poder de compra maior. As pessoas estão elucidadas sobre isso mas a pergunta mantém-se: o que é que isso vai trazer de bom para nós?* (Representante dos trabalhadores do CEE da Transdev, 04.12.2006)

Uma parte dos representantes portugueses reconhece que os CEEs nos quais participam terá ajudado na resolução de problemas locais (Quadro 64).

QUADRO 64. Intervenção dos CEEs para resolução de problemas locais

	N	%
Sim	16	61,5%
Não	10	38,5%
Total	26	100%

As vozes do trabalho nas multinacionais

A identificação dos problemas locais (Quadro 65) permite, por sua vez, verificar, por um lado, que os representantes se encontram mais divididos quanto à real capacidade dos CEEs para resolver os problemas com que se confrontam (Quadro 66) e, por outro, que a probabilidade dos CEEs intervirem com sucesso depende fortemente do tipo de problema. Assim, existe, por exemplo, uma clara diferença entre a capacidade de resolução dos CEEs ao nível das reestruturações ou das assimetrias salariais, por exemplo, ou ao nível

QUADRO 65. Problemas locais referidos pelos representantes portugueses*

	N	%
Reestruturações	6	37,5
Despedimentos colectivos	4	25
Encerramento de filiais	4	25
Deslocalizações de parte da actividade produtiva	3	18,8
Ausência de condições de trabalho	3	18,8
Outra situação**	3	18,8

* O total de problemas é superior ao total de sucursais onde o CEE interveio, pelo facto de duas empresas se terem confrontado cumulativamente com dois problemas distintos e três empresas com três problemas distintos.
** Uma situação de aquisição da empresa por outro Grupo; um processo de pré-falência; e uma situação de discriminação salarial.

QUADRO 66. Resolução dos problemas através dos CEEs

	N	%
Sim	8	50%
Não	8	50%
Não se aplica	10	62,5%
Total	16	100%

das condições de trabalho, principalmente quando estas implicam normas de saúde, higiene e segurança (Quadro 67).

QUADRO 67. Resolução dos problemas através dos CEEs, por tipo de problema

Problemas	Resolução	
	Sim	Não
Reestruturações	2	4
Despedimentos colectivos	2	2
Encerramento de filiais	1	3
Deslocalizações de parte da actividade produtiva	2	1
Ausência de condições de trabalho	3	0
Outra situação	1	2

Os CEEs parecem particularmente eficazes para resolver problemas relacionados com questões da saúde, higiene e segurança no trabalho, já que as questões salariais se encontram arredadas dos tópicos de questões objecto de informação e consulta. Grande parte das multinacionais arvora, de facto, a *bandeira* da segurança, dimensão incontornável da responsabilidade social empresarial, e revela-se particularmente sensível a essa temática (Walters, 2000).

Na óptica dos representantes portugueses, a importância dos CEEs deriva grandemente, por um lado, do facto de permitirem aceder a um patamar de decisão superior, constituindo os CEEs espaços privilegiados para a resolução de problemas locais. Por outro lado, ainda na mesma linha, por permitirem conhecer (e, eventualmente, aceder) a um conjunto de regalias, que funcionam muitas vezes como uma espécie de "moeda de troca" face aos bons resultados comerciais alcançados pelas filiais portuguesas. Um tipo de participação, portanto, marcado pela defesa dos interesses locais.

> *Problemas que a gente tem cá e levamos lá e automaticamente são resolvidos. O nosso CEE tem um presidente, que é um alemão, que não faz mais nada na vida senão dedicar-se ao CEE. O presidente tem umas doze pessoas que trabalham exclusivamente para o CEE. É como se fosse um sindicato. [...] Se você tiver problemas ao nível da segurança, higiene e saúde no trabalho, isso é resolvido rapidamente. Se você tiver problemas porque a*

empresa não está a cumprir com algumas regras, coisas que nem sequer chegam à Alemanha, isso é resolvido rapidamente. (Representante dos trabalhadores do CEE da Continental Teves, 23.01.2007)

Em termos materiais é difícil quantificar o que se ganha no CEE. Os CEEs são muito informativos. Depois, tudo o que vem é reivindicado pela administração local que diz que conseguiu obter um orçamento para fazer isto ou aquilo, mas na base está um trabalho de sapa do CEE. É preciso fazer as perguntas certas, fazer pressão. (Representante dos trabalhadores do CEE da Solvay, 22.01.2007)

Nós aproveitámos sempre o espaço do CEE para chamar a atenção da empresa desta situação [salários]. *Ainda por cima, nós tínhamos aqui algumas vantagens... É que há aqui uma táctica sindical que é assim: nós temos condições, a moral e o direito para falar, porque do ponto de vista do Grupo apresentamos sempre dos melhores resultados em termos europeus.* [...] *Portanto, nós temos autoridade para dizer que se a empresa em Portugal apresenta melhores resultados por que é que há-de pagar pior aos trabalhadores?* (Representante dos trabalhadores do CEE da Auchan, 29.11.2006)

A solidariedade transnacional

Uma das fundadas expectativas criadas sobre o papel dos CEEs residiu nas potencialidades que estas instituições poderiam vir a desempenhar enquanto indutoras de acções de cooperação e solidariedade transnacionais (Costa e Araújo, 2008a: 195). Perspectivava-se a possibilidade dos CEEs virem a agir como actores colectivos orientados por interesses transnacionais, ao invés de agirem de forma individual e fragmentada por intermédio de representantes orientados por interesses nacionais. A solidariedade assentaria na interdependência das partes, as sucursais, enquanto forma de promover mútua responsabilidade em detrimento de mútua competição.

No entanto, só muito raramente estas acções foram dinamizadas por CEEs – como sucedeu com a onda de protestos ocorrida nas fábricas da GM--Europa em Junho e Julho de 2006, em solidariedade para com os trabalhadores da fábrica portuguesa da Azambuja[49] –, assim como só ocasionalmente os

---

[49] O caso da Opel de Azambuja foi, por isso, revelador do modo como, ante uma "morte anunciada", o CEE da GM-Europa (constituído em 1996 por iniciativa do sindicato metalúrgico alemão IG-Metall) tornou possível a coesão, cooperação e solidariedade entre os trabalhadores do Grupo GM-Europa, superando assim (mesmo que apenas momentaneamente, em Junho e Julho de 2006) as diferenças entre representantes dos tra-

CEEs se constituíram como "parceiros" regulares na negociação de acordos destinados a lidar com cenários de crise – por exemplo, a redução do número de postos de trabalho; o *outsourcing*; ou a salva-guarda dos direitos dos trabalhadores perante o fim de *joint-ventures* – como sucedeu (de forma inédita no caso europeu) com os CEEs da *Ford* e da *General Motors* (Da Costa e Rehfeldt, 2006a; 2006b; 2006c; 2007).[50]

A possibilidade dos CEEs agirem como actor colectivo depende de uma diversidade de condições e circunstâncias que irão influenciar a forma como o CEE se posiciona.

Nas entrevistas com os representantes dos trabalhadores portugueses percebe-se claramente que a conjuntura económica[51], a competitividade entre sucursais e as assimetrias (principalmente salariais, mas igualmente ao nível das condições de trabalho e do acesso a determinados direitos e rega-

---

balhadores e as clivagens entre representações nacionais. Para o então representante dos trabalhadores, a unidade do CEE foi crescendo à medida que foi crescendo a instabilidade interna do Grupo GM e tornando-se manifesta a vulnerabilidade das sucursais europeias. O que se revelou evidente aos olhos dos representantes dos trabalhadores foi que para minimizar os efeitos dos desinvestimentos da GM na Europa, iria ser necessário desenvolver uma estratégia de reacção baseada na solidariedade e na cooperação como únicas formas de contrariar a abordagem pela competição entre sucursais adoptada pela GM, o grande *Golias*. Tarefa que se revelou, pois, titânica para o pequeno *David*, na medida em que é sempre difícil fazer com que "as pessoas se mobilizem para defender o posto de trabalho de outrem" (Representante dos trabalhadores do CEE da GM, 27.11.2006). Unificar interesses divergentes e potencialmente conflituantes com base na solidariedade representou, por isso, só por si, uma vitória significativa. Sobre este ponto, cf. também Costa e Araújo (2007c).

[50] Relativamente aos acordos negociados pelos CEEs, dois problemas subsistem: o estatuto legal dos acordos e a legitimidade dos seus subscritores. Como referem Da Costa e Rehfeldt, não havendo legislação sobre acordos europeus transnacionais negociados ao nível da empresa, para serem aplicáveis teriam de ser reproduzidos nos níveis nacionais envolvidos. Mas a aplicação dos acordos está muitas vezes dependente da força das partes contratantes. Na indústria automóvel, com níveis elevados de sindicalização, assim como nas empresas que foram bem sucedidas na implementação de uma negociação colectiva transnacional, a legitimidade das partes subscritoras parece não levantar qualquer problema. Mas dada a situação da maioria dos CEEs tal não pode generalizar-se e assim sendo parece claro a necessidade de proceder a uma melhor clarificação dos papéis reservados aos CEEs, aos sindicatos e às Federações Sindicais Europeias (Da Costa e Rehfeldt, 2007: 316).

[51] Uma conjuntura económica favorável é, aliás, um dos factores referidos pelos representantes portugueses como fundamental para que se possam concretizar os objectivos estipulados pela Directiva.

166   AS VOZES DO TRABALHO NAS MULTINACIONAIS

lias) são elementos impeditivos do desenvolvimento de coesão e cooperação no seio dos CEEs, pelo que a solidariedade, quando existente, assume os contornos de uma solidariedade de vários tipos: i) *forçada*, i.e., gerada pela tomada de consciência de que o que acontece numa sucursal pode vir a repercutir-se negativamente nas restantes; ii) *selectiva*, porque muitas vezes se limita a alianças estratégicas destinadas a atingir interesses não necessariamente partilhados pelo conjunto das representações nacionais; e iii) *inoperante*, em virtude da limitada capacidade de mobilização interna, no seio dos CEEs, e externa, ao nível de cada uma das sucursais individualmente considerada.

> [Faço] *parte de um grupo onde as pessoas lutam entre si para ganhar a fabricação de determinado produto. Há uma guerra entre os directores das administrações locais dos vários países no sentido de manterem a produção. [...] Agora se me perguntar se, no caso de haver algum problema cá em Portugal, eles vão ser solidários, eu digo logo que não. [...] Os CEEs seriam importantes se houvesse solidariedade, mas não é o caso. Pensa que se a administração central disser que determinado produto vai passar para outro país, esse país, por solidariedade, vai dizer que não quer o produto? Isso não funciona assim! Da maneira como é que estão as coisas, como é que pode haver solidariedade! Nem temos maneira de impedir que estas coisas aconteçam. Claro que, sendo assim, vai sempre instalar-se um clima de desconfiança entre os representantes. Há bocado disse-lhe que o ano passado fizemos uma luta simbólica, mas houve alguma dificuldade em convencer alguns representantes no CEE para participar nisto. [...] Nós, nas reuniões, procuramos sempre saber qual é a política da direcção central para cada país. E quando se fala disso, eles remetem-nos logo para o nível nacional. A única coisa que nos dizem é: "Este ano facturamos 4 milhões, para o ano queremos facturar oito milhões!". A partir daí, o problema é nosso! Cada país tem de se desenras-car.* (Representante dos trabalhadores do CEE da Power Controls, 09.01.2007)

> *Aquilo é um CEE mas cada um sabe de si, cada um trata de si! Se aparece um determinado problema mandam-nos resolvê-lo a nível local. [...] Hoje há muita concorrência e essa começa logo dentro do mesmo Grupo. [...] Há uma questão que é aqui fundamental: é a questão do emprego. E, para se preservar os empregos, não pode haver solidariedade. E eles sabem isso!* (Representante dos trabalhadores do CEE da Honeywell, 11.01.2007)

> *Aqui em Portugal estávamos a pensar criar um centro de serviços, serviços contabilísticos, contratos, ordenados, etc., onde tudo isso passava a ser feito em Portugal para o resto da Europa e para a Farma a nível mundial. Era um projecto para 300 postos de trabalho. [...] Houve alguns obstáculos por parte dos belgas, mas depois calaram-se de um momento para*

o outro, o que quer dizer que receberam alguma coisa em troca. Não há transparência por parte dos belgas. É que neste tipo de grupo, o que há são empresas que lutam entre si, pequenos centros que lutam entre si. Ninguém está preocupado com o facto de uma outra empresa do grupo poder encerrar. É uma concorrência desenfreada. [...] É um CEE onde não há solidariedade. Eu posso levar um determinado problema e se esse problema atingir outra fábrica, automaticamente o Norte se alia contra nós. A nossa luta era sempre, de um lado, França, que tem um espírito sindical mais ou menos como o nosso, Espanha, Portugal e Itália e, dou outro lado, a Alemanha e a Bélgica. O eixo Norte e o eixo Sul. [...] O poder do Norte da Europa é muito forte. [...] Só o secretariado [Conselho Restrito] diz logo tudo! [...] Cada um tem de defender a sua fábrica! Este grupo é perito a criar competitividade entre as fábricas e a lavar as mãos do que possa acontecer. (Representante dos trabalhadores do CEE da Solvay, 22.01.2007)

Esse aspecto das solidariedades é mais complicado. Por que razão um país que não tem um dado problema se vai solidarizar com outros que o têm? Só se for uma coisa que afecte grandemente toda a gente. Se for um problema que afecte um único país não há grande possibilidade de criar qualquer tipo de solidariedade. Se há um problema num único país é esse país que tem de o resolver. (Representante dos trabalhadores do CEE da Unisys, 25.01.2007)

A solidariedade transnacional aparece no discurso dos representantes simultaneamente no campo das vantagens, talvez mais imaginadas do que reais, e no campo das limitações, talvez mais reais do que imaginadas. Certo é que os CEEs enfrentam situações que irão funcionar como momentos definidores daquilo que são e daquilo em que se poderão tornar. Em nossa opinião, é quando "posto à prova" que um dado CEE terá oportunidade de medir a sua coesão e a sua capacidade de cooperação. Ser posto à prova pode significar, no contexto das empresas multinacionais, para uns, reestruturações, perdas de produção, desinvestimentos, despedimentos colectivos, mas igualmente, para outros, ganhos de produção e de postos de trabalho, a garantia da permanência da empresa num local específico por um tempo indefinido. A incerteza passou a ser parte integrante da forma como as sucursais das multinacionais olham para si mesmas. A desconfiança passou a ser parte integrante da forma como as sucursais das multinacionais se olham entre si. As administrações das multinacionais foram, de resto, céleres a compreender as possibilidades de um fórum onde se podem tornar patentes as diferenças (de produtividade e de competitividade) como forma de incrementar a competição entre sucursais (Weston e Lucio, 1997: 766).

Depositar nos CEEs a expectativa de se vir a construir, por seu intermédio, uma identidade laboral europeia será, a nosso ver, exigir demasiado de instituições que agem num ambiente tão instável como é o das multinacionais e que se encontram continuamente em busca de unidade interna, de um *esprit de corps* repetidamente posto à prova.

No entanto, a partir das entrevistas com os representantes portugueses, foi possível identificar algumas condições que podem estimular o desenvolvimento de uma acção dos CEEs como actores colectivos, ou seja, estimular a unidade e a solidariedade transnacionais. Dispor de um suporte sindical (ou das CTs) na retaguarda da actuação dos representantes em CEEs pode constituir uma condição importante, pois ajuda a transpor para o CEE, além de conhecimento da situação sócio-laboral de uma determinada empresa ou sector, "lições" de combatividade, negociação e organização que podem ser úteis na maximização de uma acção solidária de alcance transnacional. No sentido inverso, o sucesso de qualquer empreendimento dependerá, posteriormente, da capacidade de mobilização realizada pelas ORTs a nível local. A superação de diferenças culturais, ideológicas, linguísticas e entre práticas sindicais é outra condição importante para colmatar as diferenças que atravessam os CEEs, para se construir uma unidade e, a partir daí, se forjar a solidariedade.

> *Eu tinha recursos, maior conhecimento da realidade e poder de decisão porque faço parte da direcção do sindicato e da direcção da FEQUIMETAL. Portanto, tenho algum poder de decisão no caso de ter de decidir se os trabalhadores portugueses participam numa acção que seja decidida a nível europeu. Como, de resto, veio a acontecer. Eu tinha esse poder de decisão.* (Representante dos trabalhadores do CEE da Opel, 27.11.2006)

> *Eu acho que para um CEE funcionar tem de haver mais interligação entre as estruturas de representação dos trabalhadores para que estas possam aproveitar os conhecimentos que se obtêm sobre cada país. Mas não é no CEE que se vão resolver as coisas é depois em cada país. Pensar que se pode criar qualquer tipo de solidariedade é uma ilusão.* (Representante dos trabalhadores do CEE da Parmalat, 26.01.2007)

> *Há realidades muito distintas. Se pensarmos no que é o sindicalismo em Itália, Espanha, Irlanda, Inglaterra, Portugal, Alemanha, Bélgica, etc., estamos a falar de coisas completamente diferentes. Muitas vezes estamos a falar e os alemães não nos entendem, não entendem o nosso discurso e, outras vezes, somos nós que temos de fazer um esforço para perceber o discurso dos alemães.* [Essas diferenças em termos de estruturas de representação dos trabalhadores e de lógicas de representação podem consti-

tuir um obstáculo ao trabalho do CEE?] *Não é um obstáculo, mas por vezes impede que se consiga uma posição comum ou uma posição mais dura, mais reivindicativa.* [Obter solidariedade dentro do CEE...] *Pode obter solidariedade mas não obtém mais do que isso. Às vezes não se consegue ir mais além, porque não se vai ter apoio. Forçar as coisas seria problemático porque haveria coisas que se perderiam. Tem que se pesar muito bem as coisas e ver o que é que, a longo prazo, nos pode ser mais útil. [...] Houve uma altura em que, a propósito de uma questão qualquer, se falou numa greve europeia organizada através do CEE, mas a ideia acabou por cair. Era agarrada pelo sul da Europa, mas já não pelo Norte. [...] Sindicalmente* [o Norte] *é diferente. [...] Depois, claro que para os dois representantes portugueses, os dois espanhóis e os dois italianos, deve haver uns vinte franceses, nove alemães, quer dizer que nos diluímos muito no meio daquilo. Temos de ter um discurso mesmo muito persuasivo para chegar a alguma coisa. [...] Aliás, agora isso ficou ainda mais marcado porque a própria empresa resolveu fazer divisões da empresa em regiões. Nós estamos incluídos na região mediterrânica. [...] De alguma forma isso veio solidificar as nossas intervenções que são muito mais... Aliás, nós fazemos questão – portugueses, espanhóis e italianos – de intervir como região mediterrânica* (Representante dos trabalhadores do CEE do Grupo Axa, 01.02.2007)

> *Somos das organizações* [sindicais] *mais fortes do Grupo, portanto, temos certas obrigações para com os outros. Nós nesse aspecto temos dado algum apoio, demos aos espanhóis quando houve aqueles problemas em Espanha, portanto, aí, nas relações bilaterais com outras organizações temos dado. [...] Portanto, ao levantarmos um problema que nós sentimos aqui, sabemos que os espanhóis ou os franceses sentem mais do que nós. Portanto, ao levantar este problema sabemos que é um problema pacífico que une a Europa toda. Aqui também tem que haver uma preocupação de natureza político-sindical de não partir os europeus. Porque se começamos à guerra uns com os outros...* (Representante dos trabalhadores do CEE da Auchan, 29.11.2006)

Finalmente, além do défice de poder e de resultados práticos, a terceira linha de força emergente do balanço global dos CEEs por parte dos representantes portugueses diz respeito aos aspectos assumidos como claramente positivos. Os CEEs aparecem, assim, como estruturas que, pelo viés do acesso a informação, podem: 1) conferir maior poder de negociação aos representantes dos trabalhadores face às administrações locais; 2) permitir às administrações centrais adquirirem um maior conhecimento da amplitude dos problemas dos trabalhadores das diferentes filiais; 3) permitir estandardizar os sistemas de comparação entre filiais, tornando mais realistas as distinções e mais sustentadas as reivindicações; 4) permitir aceder a um patamar de decisão superior, constituindo-se como *mecanismos de pressão secundários*, ou seja, complementares aos mecanismos locais e nacionais.

> *Acho que é uma estrutura bastante positiva para os trabalhadores. A empresa sabe que se não cumprir há mais um entrave, há mais alguém a olhar para os trabalhadores e isso apesar de estarmos aqui um tanto ou quanto afastados do centro do Grupo.* (Representante dos trabalhadores do CEE da Benteler, 23.01.2007)

> *Mesmo tendo pouco poder, eu acho que é importante estar* [nos CEEs]. *É importante levar os problemas, falar, dar a conhecer o que se passa no nosso país. Há muito trabalho a fazer para mudar a nossa imagem no exterior. Nós somos competitivos, nós somos produtivos. Tem que se mudar a imagem do Portugal dos coitadinhos.* [...] *Só havendo um balanço social de todas as fábricas, só havendo valores reais sobre as coisas é que podemos saber se somos mais ou menos produtivos do que os outros.* [...] *Davam-nos estatísticas, mas não o essencial. O que eu queria era poder mostrar que o Sul da Europa é tão competitivo como o Norte.* (Representante dos trabalhadores do CEE da Solvay, 22.01.2007)

> *O CEE foi importante porque nos puseram à vontade e disseram que se tivéssemos algum problema para ir ter com eles que eles tentavam resolver. Dão-nos mais poder. Fazem-nos sentir que podemos exigir mais.* [...] *Acho que os CEEs são interessantes e importantes, para já, por estarmos lá representados. Nós somos pequenos em relação aos outros países da Europa, não temos o peso que eles têm.* (Representante dos trabalhadores do CEE da Alstom, 25.01.2007)

> *Uma das grandes vantagens* [dos CEEs] *é, de facto, ter conhecimento daquilo que se passa nos outros países. Principalmente quando se está aqui tão longe da Europa. Isso dá-nos uma visão diferente das coisas. Só por causa disso acho que o CEE foi importante.* (Representante dos trabalhadores do CEE do BBVA, 26.01.2007)

> *Vejo que é um local onde temos oportunidade de manifestar a nossa apreensão, o nosso descontentamento, as nossas dificuldades nas empresas em Portugal. E fazer pressão no sentido de alterar algumas coisas, nomeadamente a precariedade dos vínculos laborais.* (Representante dos trabalhadores do CEE da Transdev, 04.12.2006)

✳
✳   ✳

Uma das marcas mais salientes do funcionamento dos CEEs é a diversidade das suas práticas, diversidade que origina, por sua vez, percepções distintas relativamente ao papel e eficácia dos CEEs. Apesar dessas diferenças, os representantes portugueses parecem partilhar uma posição comum: embora o diálogo transnacional apareça como valorizado e os CEEs como mecanismos de participação laboral onde os trabalhadores portugueses devem marcar presença – na medida em que estes vieram, uns mais eficazmente do que outros, compensar o défice de representação e participação dos trabalhadores a nível europeu e no seio das multinacionais –, o que ressalta mais claramente das entrevistas é que é acima de tudo no plano local/nacional que tudo se joga, pelo que será preferencialmente nessa escala ou em prol dela que deverá ser conduzida a *luta*.

Os representantes portugueses estão ainda a aprender a agir de forma transnacional. A consolidação das condições subjacentes à sua participação – que vão desde um maior investimento na formação dos representantes até aos apoios das estruturas de representação dos trabalhadores locais e nacionais – podem, nessa medida, representar um passo importante na consolidação da sua participação. No entanto, de modo a que os representantes portugueses possam assumir plenamente o *projecto CEEs* é necessário que as comissões de trabalhadores, os sindicatos e as principais confederações portuguesas assumam igualmente os CEEs como um projecto, como instituições de representação transnacional dos trabalhadores cujas potencialidades e resultados práticos serão tanto mais capazes de se revelarem quanto forem sólidos os investimentos que nelas se depositarem.

CAPÍTULO 5

AS PERCEPÇÕES DOS REPRESENTANTES
DAS ENTIDADES EMPREGADORAS
SOBRE OS CONSELHOS DE EMPRESA EUROPEUS

Neste capítulo procedemos à análise das percepções que os representantes das entidades empregadoras têm relativamente aos CEEs. Essa análise é aqui empreendida tendo por base a interpretação dos resultados de um inquérito aplicado às entidades empregadoras.

Na sua configuração geral, o inquérito confrontou as administrações locais das empresas com os seguintes temas: o processo de constituição dos CEEs; a participação da administração nas actividades dos CEEs e a avaliação do papel dos CEEs; os impactos dos CEEs; e as principais vantagens e limitações associadas aos CEEs. Embora incidindo sobre uma variedade de questões, parece-nos importante salientar, desde já, que o reduzido número de repostas não permite obter senão uma visão parcial das perspectivas e atitudes dos representantes das administrações relativamente aos CEEs.

O inquérito foi realizado por via postal, tendo sido efectuados três envios (Março, Abril e Maio de 2007), e incidiu nas multinacionais nas quais foram identificados representantes dos trabalhadores portugueses. Como já foi referido no capítulo 3, são 163 os acordos onde é assinalada a presença de representantes portugueses. No entanto, oito destes acordos não se encontram disponíveis na base de dados, pelo que a análise dos acordos se restringiu a 155 acordos, correspondente a 155 CEEs de 155 multinacionais. Para efeitos de envio do inquérito não nos foi possível contactar 16 das 155 multinacionais, pelo que o inquérito foi enviado a 139 multinacionais. Das 139 multinacionais, 30 responderam ao inquérito, o que equivale a uma taxa de resposta de 21,6% (Quadro 68).

174 AS VOZES DO TRABALHO NAS MULTINACIONAIS

QUADRO 68. Respostas ao inquérito

	N	%
Multinacional encerrou e/ou incontactável	8	5,8%
Não respondeu*	101	72,7%
Respondeu	30	21,6%
Total	139	100%

* Inclui as situações em que os representantes das administrações referiram a inexistência de CEEs e/ou de representantes nas multinacionais

1. As entidades empregadoras face aos Conselhos de Empresa Europeus

1.1. Constituição dos Conselhos de Empresa Europeus

Como foi dito anteriormente, os representantes portugueses dos trabalhadores atribuem maioritariamente a iniciativa para formar os CEEs aos trabalhadores organizados da sede das multinacionais (sindicatos, federações de sindicatos, etc.) ou à própria administração central das multinacionais. Ora, os representantes das administrações locais, por sua vez, atribuem a incitativa para a constituição dos CEEs às administrações centrais e tendem a negligenciar a intervenção das organizações de representação dos trabalhadores (Quadro 69). De resto, ao contrário do que acontece com os representantes

QUADRO 69. Iniciativa para a constituição do CEE

	N	%
Sindicatos	2	6,7%
Administração central da multinacional	27	90%
Não responde	1	3,3%
Total	30	100%

dos trabalhadores – que avaliam as negociações para a instituição dos CEEs como morosas e difíceis –, os representantes das administrações enfatizam a rapidez dos processos e o seu carácter consensual (Quadro 70).

QUADRO 70. Caracterização do processo de constituição do CEE

	N	%
Processo rápido e consensual	23	76,7%
Processo moroso e conflituoso	2	6,7%
Outra stuação*	3	10%
Não responde	2	6,7%
Total	30	100%

* Três situações: a) processo dificultado pelo facto do sindicato da empresa entender que os representantes não tinham de ser colaboradores; b) processo rápido mas tendo por finalidade o cumprimento dos prazos; c) processo adiado por eleições locais dos representantes dos trabalhadores

1.2. Participação das administrações locais nas actividades dos Conselhos de Empresa Europeus

A grande maioria dos representantes das administrações locais declaram ter acesso a informação sobre as actividades dos CEEs pelo facto da difusão da informação, tanto aos trabalhadores como às administrações, constituir uma prática de funcionamento dos CEEs (Quadro 71) e isso independentemente de serem mistos (compostos por representantes dos trabalhadores e das

QUADRO 71. Informação da administração local sobre as actividades do CEE

	N	%
Sim, porque é prática do CEE	23	76,7%
Sim, sempre que solicita informação	2	6,7%
Não, nunca solicita informação	1	3,3%
Outra situação	3	10%
Não responde	1	3,3%
Total	30	100%

administrações) ou unilaterais (compostos unicamente por representantes dos trabalhadores) (Quadro 72).

QUADRO 72. Fonte de informação da administração local sobre as actividades do CEE

	N	%
Reps. da administração local nomeados para o CEE	7	23,3%
Reps. dos trabalhadores eleitos/nomeados para o CEE	15	50%
Reps. da administração central	6	20%
Outra situação*	2	6,7%
Total	30	100%

* Uma situação em que os representantes da administração referem a Intranet e uma outra em que referem uma Newsletter como fontes de informação

O acesso das administrações a informação sobre as actividades dos CEEs traduz-se numa avaliação positiva da sua participação nas actividades dos CEEs (Quadro 73).

QUADRO 73. Avaliação da participação da administração local nas actividades do CEE

	N	%
Suficiente	28	93,3%
Insuficiente	1	3,3%
Não responde	1	3,3%
Total	30	100%

1.3. Avaliação das competências dos Conselhos de Empresa Europeus

Na avaliação das funções dos CEEs, apurada pelas respostas dos representantes das administrações locais sobre o papel que deveriam desempenhar os CEEs, o dado mais saliente diz respeito à defesa dos interesses locais. Na óptica das administrações, a defesa dos interesses locais aparece como uma função que os representantes com assento nos CEEs deveriam assumir e desempenhar mais activamente, o que reflecte uma visão paroquial dos CEEs, aliás igualmente patente nos próprios representantes dos trabalhadores.

O papel dos CEEs relativo aos processos de comunicação – tanto internos (entre administração e trabalhadores) como externos (com as restantes sucursais) – aparece como outra competência positiva dos CEEs e que estes deveriam desempenhar mais activamente (Quadro 74).

QUADRO 74. Descrição do papel do CEE (perguntas abertas)

Defender os interesses locais
Servir de elo de ligação e melhorar a comunicação entre administração central e trabalhadores
Servir de elo de ligação e melhorar a comunicação com as sucursais estrangeiras
Fomentar a aquisição de uma perspectiva macro das actividades e posicionamento da multinacional (antecipar tendências e procurar alternativas)
Não ser tão permeável à influência dos sindicatos
Abordar questões concretas

Esta é, de resto, uma mais-valia dos CEEs identificada nos escassos estudos que consideram a posição das administrações relativamente aos CEEs (Wills, 1998; Nakano, 1999; Weber *et al.*, 2000; Müller e Hoffmann, 2001; Vitols, 2003). Assim, embora as administrações das multinacionais reconheçam e critiquem os custos associados aos CEEs, tendem a reconhecer-lhes vantagens ao nível da comunicação interna e do envolvimento dos trabalhadores na vida da empresa, vantagens que representam requisitos fundamentais para o desenvolvimento de uma identidade corporativa à escala das multinacionais. A partir de um inquérito destinado a avaliar as atitudes dos gestores de recursos humanos que participam em CEEs (163 empresas inquiridas com uma taxa de resposta de 38%, N=63), S. Vitols (2003) destaca duas atitudes principais: uma primeira, menos expressiva, que considera os CEEs como *eventos turísticos* e uma outra, mais generalizada, que considera que os CEEs desempenham um importante papel enquanto *plataforma de comunicação pan-Europeia* com efeitos positivos ao nível da informação dos trabalhadores, de uma maior aceitação das decisões das administrações por parte dos trabalhadores, e na qualidade das decisões. Segundo o autor, é este o grupo que tem maior probabilidade de criar condições para melhorar o desempenho dos CEEs, acompanhando desta forma a sua maturação.

Os representantes das administrações tendem a classificar positivamente os CEEs (Quadro 75), facto que não encontra, todavia, correspondência nem no número reduzido de respostas quando questionados relativamente aos seus planos para melhorar o funcionamento dos respectivos CEEs (Quadro 76), nem, como iremos ver de seguida, na avaliação dos impactos dos CEEs.

QUADRO 75. Classificação do CEE pelas administrações

	N	%
Estrutura activa, mas com reduzida visibilidade	9	30%
Estrutura activa e com visibilidade	11	36,7%
Estrutura relativamente passiva	8	26,7%
Estrutura inactiva	1	3,3%
Não responde	1	3,3%
Total	30	100%

QUADRO 76. Planos para melhorar o funcionamento do CEE

	N	%
Sim	8	26,7%
Não	10	33,3%
Não responde	1	3,3%
Não sabe	11	36,7%
Total	30	100%

Em termos concretos, quais são então os efeitos atribuídos aos CEEs pelas administrações locais? Quatro aspectos foram aqui explorados: os impactos dos CEEs ao nível da participação dos trabalhadores na vida da empresa; ao nível dos processos de decisão (consulta); ao nível das relações entre administração e trabalhadores; e os efeitos práticos dos CEEs ao nível da visibilidade dos problemas locais, na resolução de problemas e na aquisição de benefícios por via dos CEEs.

Relativamente à participação dos trabalhadores na vida da empresa, os representantes das administrações inquiridos apenas apontam melhorias no tocante ao envolvimento dos trabalhadores nos assuntos da empresa, o que não significa, porém, uma maior participação dos trabalhadores ao nível da implementação de novas estratégias ou da aceitação, por parte dos trabalhadores, de novas estratégias (Quadro 77).

QUADRO 77. Avaliação dos impactos do CEE na empresa – Participação dos trabalhadores na vida da empresa

	Envolvimento dos trabalhadores nos assuntos da empresa		Implementação de novas estratégias		Aceitação da implementação de novas estratégias	
	N	%	N	%	N	%
Piorou	–	–	–	–	–	–
Não teve impactos significativos	12	40%	20	66,7%	19	63,3%
Melhorou	15	50%	8	26,7%	8	26,7%
Melhorou significativamente	3	10%	1	3,3%	3	10%
Não responde	0	0%	1	3,3%	0	0%
Total	30	100%	30	100%	30	100%

No que diz respeito à participação dos trabalhadores nos processos de decisão, embora os inquiridos tendam a concentrar as suas respostas na ausência de impactos significativos por parte dos CEEs, reconhecem efeitos positivos ao nível da aceitação das decisões e da qualidade das decisões (Quadro 78).

QUADRO 78. Avaliação dos impactos do CEE na empresa – Participação dos trabalhadores nos processos de decisão

	Aceitação das decisões		Qualidade das decisões		Tempo das decisões	
	N	%	N	%	N	%
Piorou	–	–	–	–	1	3,3%
Não teve impactos significativos	13	43,3%	16	53,3%	23	76,7%
Melhorou	12	40%	13	43,3%	5	16,7%
Melhorou significativamente	4	13,3%	–	–	–	–
Não responde	1	3,3%	1	3,3%	1	3,3%
Total	30	100%	30	100%	30	100%

A ausência de impactos significativos no tópico do «tempo das decisões» revela a ausência de entraves colocados pelos CEEs nos processos de decisão, posição aliás identificada em outros estudos onde os representantes das administrações avaliam como reduzida a influência dos CEEs na gestão das empresas (Nakano, 1999). Facto que, por um lado, contraria a posição inicial da UNICE, que associava aos CEEs efeitos negativos nos processos de decisão e, por outro, que reforça a insipiência da consulta na generalidade dos CEEs. De facto, no já referido estudo de S. Vitols (2003), constata-se uma atitude mais crítica por parte dos representantes relativamente ao «tempo das decisões» que teria origem na obrigação, reforçada depois do "caso Renault" (Vilvoorde, Bélgica), da empresa comunicar aos CEEs situações que afectem consideravelmente os interesses dos trabalhadores (encerramentos, despedimentos colectivos, etc.). A ausência de impactos significativos nos processos de decisão reportada pelos representantes das administrações estaria em consonância com a posição significativamente crítica dos representantes dos trabalhadores portugueses relativamente à consulta.

O mesmo se verifica nas relações entre administração e trabalhadores, relativamente às quais os CEEs parecem ter trazido algumas melhorias apenas ao nível da comunicação, mantendo-se a ausência de impactos na mediação de conflitos entre administração e trabalhadores e nos níveis de conflitualidade no seio das empresas (Quadro 79).

QUADRO 79. Avaliação dos impactos do CEE na empresa – Relações entre administração e trabalhadores

	Comunicação administração local-trabalhadores		Mediação de conflitos		Níveis de conflitualidade	
	N	%	N	%	N	%
Piorou	1	3,3%	–	–	–	–
Não teve impactos significativos	10	33,3%	15	50%	17	56,7%
Melhorou	12	40%	13	43,3%	10	33,3%
Melhorou significativamente	7	23,3%	2	6,7%	3	10%
Total	30	100%	30	100%	30	100%

Finalmente, os CEEs parecem exercer uma influência positiva na visibilidade dos problemas locais que, apesar disso, não se traduz, nem na sua resolução, nem na aquisição de quaisquer benefícios pelas empresas locais (Quadro 80).

QUADRO 80. Avaliação dos impactos do CEE na empresa – Efeitos práticos dos CEEs

	Visibilidade dos problemas locais		Resolução de problemas da empresa		Aquisição de benefícios	
	N	%	N	%	N	%
Piorou	–	–	–	–	–	–
Não teve impactos significativos	16	53,3%	22	73,3%	23	76,7%
Melhorou	10	33,3%	8	26,7%	6	20%
Melhorou significativamente	4	13,3%	–	–	1	3,3%
Total	30	100%	30	100%	30	100%

Esta posição dos representantes das administrações é distinta da posição dos representantes dos trabalhadores que se revelam mais afirmativos na influência dos CEEs para a resolução de problemas locais e para a aquisição de benefícios, direitos, regalias, etc. Recorde-se que, na óptica dos representantes dos trabalhadores, este efeito prático dos CEEs assenta grandemente na possibilidade de, em sede dos CEEs, aceder a um patamar de decisão superior. No entanto, à semelhança dos membros de CEEs de outros países (Weston e Lucio, 1997), também os representantes portugueses não excluem a possibilidade das administrações centrais utilizarem os CEEs como uma fonte de informação sobre situações locais.[52] Estabelecer-se-ia, deste modo, uma relação de reciprocidade entre representantes dos trabalhadores e administrações centrais, da qual as administrações locais estariam afastadas, e um efeito de acréscimo de informação e poder por parte dos representantes dos trabalhadores que, de algum modo, poderiam condicionar o reconhecimento por parte das administrações locais do papel efectivo dos CEEs para a resolução de problemas locais. Deste ponto de vista, os CEEs representariam um fórum de participação simultaneamente útil às administrações e aos trabalhadores. No entanto, enquanto as primeiras recorreriam aos CEEs como uma fonte de informação adicional, os segundos recorreriam aos CEEs como um mecanismo de pressão adicional.

1.4. Avaliação das principais vantagens e limitações dos Conselhos de Empresa Europeus

Perante este défice generalizado de impactos práticos dos CEEs, importa perguntar: de que forma os representantes das administrações avaliam as principais vantagens e limitações dos CEEs?

Os representantes das administrações inquiridos reconhecem os CEEs como importantes parceiros na gestão da empresa; na articulação entre administração local e sede da multinacional; na comunicação entre administração local e trabalhadores; e enquanto instrumentos de responsabilidade social das empresas. Os CEEs perdem, porém, importância enquanto mecanismos de redução dos conflitos (Quadro 81).

---

[52] O caso da Axa é, deste ponto de vista, extremamente esclarecedor na medida em que foi a denúncia apresentada pelos representantes portugueses relativamente à gestão da administração local, conjugada com os resultados negativos, que conduziu à sua substituição.

AS PERCEPÇÕES DOS REPRESENTANTES DAS ENTIDADES EMPREGADORAS SOBRE OS CEEs   183

QUADRO 81. Avaliação das principais vantagens dos CEEs

	Parceiros de gestão		Articulação administração local-administração central		Reforço da comunicação adiministração local-trabalhadores		Redução dos conflitos		Instrumento de RSE	
	N	%	N	%	N	%	N	%	N	%
Nada importante	2	6,7%	5	16,7%	4	13,3%	2	6,7%	1	3,3%
Pouco importante	8	26,7%	8	26,7%	4	13,3%	11	36,7%	6	20%
Importante	17	56,7%	13	43,3%	14	46,7%	10	33,3%	15	50%
Muito importante	1	3,3%	2	6,7%	6	20%	5	16,7%	5	16,7%
Não responde	2	6,7%	2	6,7%	2	6,7%	2	6,7%	3	10%
Total	30	100%	30	100%	30	100%	30	100%	30	100%

Globalmente, não são significativas as limitações dos CEEs apontadas pelos representantes das administrações (Quadro 82), mesmo quando se trata da questão dos custos associados aos CEEs. Isto deve-se, em grande medida, ao facto de uma parte substancial dos custos dos CEEs ser geralmente assegurada pelas administrações centrais (traduções, interpretações, alimentação e estadias).

QUADRO 82. Avaliação das principais limitações dos CEEs

	Despesas acrescidas		Duplicação das funções das ORTs existentes		Interferência nos processos de decisão		Aumento dos níveis de conflitualidade	
	N	%	N	%	N	%	N	%
Nada significativa	6	20%	13	43,3%	7	23,3%	16	53,3%
Pouco significativa	15	50%	13	43,3%	16	53,3%	9	30%
Significativa	4	13,3%	1	3,3%	4	13,3%	3	10%
Muito significativa	2	6,7%	1	3,3%	–	–	–	–
Não responde	1	3,3%	1	3,3%	1	3,3%	2	6,7%
Não sabe	2	6,7%	1	3,3%	2	6,7%	–	–
Total	30	100%	30	100%	30	100%	30	100%

Os representantes das administrações locais são ainda unânimes na consideração de que não existe uma duplicação de funções entre CEEs e ORTs (associações sindicais, comissões de trabalhadores e comissões de higiene, saúde e segurança no trabalho) e que é positiva a relação entre CEEs e ORTs existentes. As administrações locais consideram, aliás, estas últimas como importantes parceiros dos CEEs. Os CEEs desempenham funções que não competem com as funções das principais ORTs.

Pouco significativa igualmente, embora mais preocupante, é também a escassa interferência dos CEEs nos processos de decisão. Segundo S. Nakano (1999), a par do aumento das expectativas dos trabalhadores quanto ao poder efectivo dos CEEs para alterar decisões, a interferência nos processos de decisão constituiria um efeito secundário negativo associado aos CEEs pelas administrações centrais. Tal não encontra, porém, expressão junto dos representantes das administrações locais inquiridos. Finalmente, os CEEs parecem não contribuir significativamente para alterar os níveis de conflitualidade no seio das empresas.

*

* *

De maneira geral, a avaliação dos representantes das administrações locais portuguesas é favorável aos CEEs. No entanto, em nossa opinião o que os resultados tornam patente é que, por um lado, a participação das administrações nas actividades dos CEEs é diminuta e que, por outro, a atitude das administrações é relativamente neutra, para não dizer indiferente, na avaliação do papel desempenhado pelos CEEs na vida das empresas, na avaliação das vantagens e limitações dos CEEs e na avaliação dos impactos efectivos dos CEEs. Esta atitude, quando confrontada com os relatos visivelmente mais positivos dos representantes dos trabalhadores, autoriza-nos a pensar que o não reconhecimento dos impactos dos CEEs pelas administrações locais se poderá ficar a dever, em parte, a uma estratégia de desvalorização dessas instituições. A outra parte caberá efectivamente ao défice de poder que os CEEs continuam a manifestar.

CONSIDERAÇÕES FINAIS

Ao longo deste livro procedemos a um estudo do impacto dos CEEs em Portugal. Ao analisarmos o processo de constituição de CEEs em Portugal, traçámos um retrato quantitativo das multinacionais que operam em Portugal e que preenchem as condições da Directiva 94/45/CE. Muito genericamente, constatámos, entre vários outros pontos, que a Alemanha, a França e o Reino Unido são os países da UE-27 com maior número de multinacionais abrangidas pela Directiva e, simultaneamente, aqueles que estabeleceram o maior número de CEEs; que os sectores de actividade onde existem mais CEEs constituídos são o Metalúrgico (34,3%) e o Químico (23%); que o número de representantes portugueses eleitos e/ou nomeados para ocupar lugares em CEEs é de 201; que apenas sete multinacionais com sede em Portugal preenchem as condições para o estabelecimento de CEEs; e que apenas uma dessas, o Grupo Banco Espírito Santo, constituiu um CEE.

Num segundo momento, centrámo-nos nos principais obstáculos à constituição de CEEs em multinacionais com sede em Portugal e demos conta da experiência do único CEE de uma multinacional portuguesa: o CEE do Grupo BES.

De entre os motivos invocados pelos representantes dos trabalhadores das multinacionais portuguesas para não constituir CEEs, ressaltam alguns que consideramos fundamentais:

i) as prioridades nacionais secundarizam a constituição de CEEs;
ii) o direito à informação e consulta não é considerado como uma mais-valia, na medida em que já se encontra previsto na legislação laboral;
iii) os representantes dos trabalhadores apresentam claras dificuldades na apreensão do sentido prático/eficácia dos CEEs;
iv) revelam-se indisponíveis para acumular funções para além daquelas que já desempenham;
v) existe um reduzido número de acções de formação sobre a problemática dos CEEs (quer promovidas pelas administrações das multinacionais, quer pelas organizações representativas dos trabalhadores); e, consequentemente,
vi) há um claro défice de informação sobre os CEEs.

O CEE do Grupo BES, que se destaca pelo seu pioneirismo em Portugal, beneficiou de condições de partida que se afiguram fundamentais para a sua emergência, mas igualmente para o seu posterior funcionamento. As boas relações com a administração, o protagonismo "indirecto" do parceiro espanhol, e o papel que o CEE desempenhou em situações concretas que implicavam efectivamente o diálogo transnacional, convergiram para o seu sucesso e aproximam o CEE do Grupo BES do tipo-ideal de CEE *eurocêntrico*, ou seja, um CEE que apresenta elevados níveis internos de confiança e comunicação e que baseia a sua actuação numa agenda europeia comum (Bicknell, 2007). No entanto, é importante realçar que se trata de um CEE mais ibérico do que europeu, o que, desde logo, facilita a articulação entre os actores envolvidos, permite harmonizar posições, e reduz o ruído e o conflito que, como verificamos, são partes integrantes dos CEEs. É este um CEE onde existe, de facto, uma agenda comum, mas essa é mais ibérica do que europeia, e amplamente influenciada por uma posição forte dos representantes dos trabalhadores da sede, ou seja, pelos representantes portugueses.

Em terceiro lugar procedemos a uma análise do conteúdo dos acordos de CEEs envolvendo representantes de trabalhadores portugueses e constatámos o carácter heterogéneo dos acordos envolvendo representantes portugueses. Além de distintos no seu conteúdo, são-no igualmente na forma como estes conteúdos se organizam. Ainda assim, foi possível identificar algumas características comuns. A ausência de questões de carácter mais abrangente nas agendas dos CEEs revela uma incapacidade dos representantes dos trabalhadores para, no processo de negociação dos acordos, irem além dos requisitos da Directiva, facto que terá impactos distintos na forma como se irá desenvolver a prática ou dinâmica dos CEEs. Mas mesmo no caso dos acordos com carácter mais abrangente, é notório que essa abrangência se restringe a um leque reduzido de questões, sendo as questões mais recorrentes as que dizem respeito à segurança, higiene e saúde no trabalho ou ao ambiente. No entanto, o que diversas análises sobre o funcionamento de CEEs têm dado conta é que um acordo abrangente não significa necessariamente um melhor funcionamento do CEE, da mesma maneira que um acordo mais restritivo nos seus termos não significa que o CEE não seja dinâmico. A análise dos CEEs através das experiências dos seus representantes e do tipo de participação de que são protagonistas revelou-se, nessa medida, crucial.

Em quarto lugar, prestámos, pois, uma atenção especial às vozes do trabalho, isto é, às experiências dos representantes portugueses em CEEs, começando, desde logo, por apurar o perfil sociográfico desses representantes.

Na análise do perfil dos representantes portugueses em CEEs constatámos:

i) uma forte masculinização dos CEEs;
ii) que os representantes pertencem a escalões etários relativamente envelhecidos;
iii) que possuem baixos níveis de escolarização;
iv) que dispõem de contratos de trabalho estáveis;
v) que têm muitos anos de trabalho nas empresas que representam;
vi) e uma participação simultânea em diversas organizações de representantes dos trabalhadores, com os sindicatos a ocupar a posição de destaque.

Quanto às implicações do perfil sociográfico dos representantes para a sua participação nos CEEs, destacaríamos que a idade e a participação simultânea dos representantes portugueses em estruturas nacionais de representação dos trabalhadores afiguram-se potencialmente positivas. A idade, porque sugere que os representantes portugueses nos CEEs dispõem de uma experiência acumulada ao nível da representação dos trabalhadores. A participação simultânea, porque sugere a existência de estruturas de apoio à acção dos representantes. Porém, o facto dos representantes não se dedicarem a tempo inteiro à representação dos trabalhadores revela-se duplamente negativo na medida em que impele os representantes a dedicarem-se mais activamente às estruturas de representação nacionais para as quais foram eleitos e impede um maior investimento nos CEEs.[53] Os baixos níveis de instrução e as reduzidas competências linguísticas dos representantes – aos quais não são alheios a idade, a antiguidade e o difícil rejuvenescimento das organizações represen-

---

[53] Paralelamente à definição de um perfil-tipo dos representantes portugueses, a partir das entrevistas foi possível identificar alguns elementos que ajudariam a traçar um perfil ideal de representante. Assim, em primeiro lugar, os membros dos CEEs deveriam orientar a sua acção exclusivamente para a defesa dos trabalhadores. Nesta consideração encontra-se uma dupla crítica: por um lado uma crítica à nomeação de representantes pelas administrações das multinacionais e, por outro, à tentativa das administrações para utilizarem os CEEs como um veículo das suas pretensões. Em segundo lugar, defende-se que o representante se predisponha a intervir activamente nas reuniões e a ser pró-activo. Esta característica é consentânea com a primeira e com uma outra que diz respeito à possibilidade dos representantes se dedicarem por inteiro ao "projecto CEEs", assumindo nele uma postura o mais profissional possível.

tativas dos trabalhadores – revelam-se, por sua vez, factores potencialmente negativos, na medida em que fomentam uma capacidade de participação desigual em sede dos CEEs.

Por último, ao analisarmos as percepções dos representantes das administrações locais sobre CEEs, concluímos que estas se limitam, em grande parte dos casos, a executar com relativo entusiasmo as directrizes provenientes das direcções centrais que, por sua vez, se limitam a aplicar uma Directiva comunitária. Mais: a avaliação dos CEEs por parte dos representantes das administrações locais, apesar de favorável, exprime uma escassa participação das administrações nas actividades dos CEEs e um reduzido reconhecimento do papel desempenhado pelos CEEs na vida das empresas.

Visão distinta têm, contudo, os representantes dos trabalhadores portugueses que participam em CEEs e que foram o objecto central de análise neste livro. Assim, à guisa de conclusão, importa regressar às suas experiências, às suas *vozes*, para dar conta da dimensão funcional e das possibilidades práticas dos CEEs.

Na análise das experiências dos representantes portugueses em CEEs procuramos avaliar a concretização do duplo objectivo subjacente à Directiva e aos CEEs, a informação e consulta dos trabalhadores nas empresas de dimensão comunitária, ou seja, a dimensão funcional dos CEEs. Como fomos adiantando ao longo do livro, a informação levanta questões que gravitam em torno de três vectores principais: a *quantidade* de informação, a *qualidade* de informação e a *oportunidade* da informação. A questão da consulta, por sua vez, não pode ser apreendida sem ter em conta, por um lado, as três dimensões da informação referidas acima e, por outro, a capacidade dos CEEs para influenciarem decisões *ante tempus*. Capacidade esta que é já expressão de uma outra dimensão dos CEEs: a das suas possibilidades práticas.

Relativamente à quantidade, qualidade e importância da informação veiculada em sede dos CEEs, a posição dos representantes portugueses oscila entre uma avaliação positiva, na medida em que a informação confere uma apreensão global das actividades e dos problemas das multinacionais, e uma avaliação de pendor mais negativo, sustentada no carácter excessivamente técnico da informação e na fraca relevância prática da informação. A principal crítica dos representantes portugueses prende-se, no entanto, com o défice de informação nacional e local. Orientados que estão por e para objectivos locais, os representantes portugueses consideram a informação divulgada nos CEEs como insuficiente e, dada a sua limitada aplicabilidade local, como pouco pertinente. Factores que, quando conjugados, tornam, do ponto de vista dos representantes, mais sustentada a desvalorização dos CEEs.

Resumindo, para os representantes portugueses os CEEs são efectivamente portadores de mais-valias: o acesso à informação, uma melhor percepção das actividades da multinacional, um conhecimento mais aprofundado dos problemas que afectam as multinacionais, a possibilidade antecipar problemas através do conhecimento e partilha de experiências de outras sucursais, etc. Estas mais-valias encontram-se, porém, fortemente limitadas pelo défice de informação de nível local, pela qualidade da informação e, mais importante, pela incapacidade para influenciar ou alterar decisões tomadas pelas multinacionais, o que esvazia de conteúdo prático o princípio da consulta.

À imagem do que acontece na generalidade dos CEEs, também os CEEs nos quais participam representantes portugueses continuam a pautar-se pelo monólogo e pela ineficácia da consulta e da influência nas decisões. Aos CEEs está associado um défice de poder que se traduz numa reduzida capacidade de decisão, acção e reivindicação. Défice que se vê agravado pelo facto da Directiva não prever quaisquer sanções no caso das administrações não cumprirem o estipulado nos acordos. É neste sentido que o diálogo transnacional almejado é ainda escasso.

De facto, os representantes portugueses são categóricos na afirmação de que só excepcionalmente as informações são transmitidas e discutidas previamente à tomada de decisões, ou seja, atempadamente. Na verdade, o espaço para a consulta é praticamente residual. Não raras vezes, pois, as decisões das administrações já estão tomadas quando são comunicadas aos representantes dos trabalhadores. A reduzida capacidade dos CEEs para influenciarem decisões representa um importante factor de relativização da importância destas instituições e reforça o sentimento expresso pelos representantes portugueses em CEEs de que a *luta* deve ser, acima de tudo, conduzida a nível local.

Do ponto de vista dos representantes portugueses, as possibilidades práticas dos CEEs tornam-se, assim, tanto mais perceptíveis quanto se tornam palpáveis os resultados concretizados a nível local por seu intermédio. Uma visão instrumental e pragmática dos CEEs que, aos olhos dos representantes, se justifica pelas desigualdades tornadas visíveis pela troca de experiências laborais entre representantes. A troca de experiências, considerada unanimemente como uma mais-valia, revela a existência de uma multiplicidade e heterogeneidade de condições de trabalho locais que leva os representantes dos trabalhadores portugueses a percepcionar os CEEs como uma alavanca através da qual as condições de trabalho podem vir a ser niveladas em seu favor.

Uma parte significativa dos representantes portugueses reconhece que os CEEs em que participam podem ajudar a criar condições para a resolução de problemas locais. No entanto, a resolução dos problemas, quando se concretiza, aproxima-se mais da resolução *possível* do que da resolução *desejada*. Se os CEEs parecem particularmente eficazes para resolver questões ligadas às condições de trabalho, nomeadamente em termos de saúde, higiene e segurança no trabalho, já as questões salariais se encontram arredadas dos tópicos de questões objecto de informação e consulta. Mais: a capacidade de intervenção dos CEEs decresce substancialmente quando confrontados, por exemplo, com cenários de reestruturações e deslocalizações empresariais, decrescendo igualmente quando se trata de enfrentar as *grandes* questões, que são sempre, na óptica dos representantes, questões locais. No âmbito dos CEEs, as *grandes questões* raramente ultrapassam as reuniões preparatórias ou as reuniões de *corredor* entre representantes ou entre estes e as administrações. Nos encontros formais o patamar transnacional impõe-se como prioritário.

A importância dos CEEs deriva, assim, grandemente, por um lado, do facto de permitirem aos representantes portugueses terem acesso a um patamar de decisão superior, constituindo os CEEs espaços privilegiados para a resolução informal de problemas locais. Por outro lado, ainda na mesma linha, por permitirem aos trabalhadores portugueses terem conhecimento e, eventualmente, acesso a um conjunto de direitos e benefícios.

Ainda no âmbito das possibilidades práticas dos CEEs, uma questão fundamental reside na solidariedade transnacional. Esta pode ser entendida como a capacidade dos representantes dos trabalhadores em CEEs agirem em cooperação com o propósito de obterem determinados objectivos. O alcance dos objectivos a atingir, de âmbito transnacional ao invés de nacional, é considerado como um bom indicador da aquisição por parte dos CEEs de uma identidade colectiva (Whittal *et al.*, 2007). Refira-se, aliás, que uma das expectativas que animou a emergência da Directiva sobre CEEs residiu nas potencialidades que estas instituições poderiam vir a desempenhar enquanto indutoras de acções de cooperação e solidariedade transnacionais. Perspectivava-se a possibilidade dos CEEs virem a agir como um actor colectivo europeu, à escala das multinacionais, e à altura dos desafios que lhe estão associados.

O que sobressai das entrevistas com os representantes dos trabalhadores portugueses é que obstáculos como a conjuntura económica e a competitividade entre sucursais são impeditivos do desenvolvimento de coesão e cooperação no seio dos CEEs, pelo que a solidariedade tornada possível pela cooperação transnacional nem sempre é uma solidariedade genuína. Ou seja, é uma vez mais a defesa dos interesses locais que anima a acção dos representantes portugueses, tendência de resto extensível à generalidade dos representantes em CEEs (Wills, 2001; 2004).

A análise empírica sobre as experiências dos representantes portugueses em CEEs, revelou que estes – e consideramos que tal será extensível aos restantes membros dos CEEs – transportam consigo inquietações e agendas nacionais/locais que os distanciam do ideal transnacional e altruísta contido na visão dos CEEs como *instituições europeias transnacionais*. A possibilidade dos representantes portugueses se projectarem no plano transnacional encontra-se ainda fortemente condicionada pela necessidade, real ou antecipada, de ver consolidada a sua posição a nível local.

De resto, o envolvimento e investimento dos representantes portugueses nos CEEs são, na generalidade dos casos, superficiais e pragmáticos. A sua participação nos CEEs encontra-se, deste modo, orientada por uma retórica de proximidade, o que se justifica pelas diferenças entre sucursais que os CEEs tornam visíveis, e por uma atitude instrumental em relação aos CEEs.

Os representantes portugueses estão a aprender a agir de forma transnacional e a fazer ouvir a sua voz num contexto que, para muitos, não é familiar. De facto, encontram-se ainda muitas formas de participação que podem ser classificadas como *simbólicas* (Lecher *et al.*, 1999). A consolidação das condições subjacentes à participação dos representantes portugueses – que vão desde a formação dos representantes até aos apoios das estruturas de representação dos trabalhadores locais e nacionais – representa, nesta medida, um passo importante na consolidação da sua participação nos CEEs.

Os CEEs enfrentam, para além das suas próprias tensões internas, desafios consideráveis à sua intervenção como um *todo*, como actor colectivo, como instituições em busca de identidade e de legitimidade (Béthoux, 2004a). Os défices, ainda vincados, na concretização da dimensão funcional dos CEEs e os avanços, ainda frágeis, na concretização das suas possibilidades práticas recomendam, quanto a nós, prudência nas expectativas que se depositam nos CEEs, pela simples razão que estes se podem revelar simplesmente incapazes de as concretizar. Por idênticas razões, tratando-se de instituições ainda relativamente jovens e em expansão – tanto em número como em experiência –, seria apressado pressagiar para os CEEs um destino triunfante ou um fracasso retumbante. Parafraseando H. Kotthoff (2007: 178), os pioneiros são viandantes em transição. O que torna o futuro dos CEEs relativamente incerto e em aberto.

Fundamental que foi para impulsionar a informação e consulta dos trabalhadores nas empresas de dimensão comunitária, a Directiva 94/45/CE não pode ser considerada como um produto acabado. Quase uma década passada sobre o *timing* oportuno para a sua reformulação (1999), só agora se vislumbram sinais que apontam para a sua efectiva revisão. Com efeito, foi com entusiasmo que em Novembro de 2007 o Comité de Direcção da maior estrutura sindical europeia – a Confederação Europeia de Sindicatos (CES) – saudou o facto da Comissão Europeia, na sequência do debate no Parlamento Europeu sobre programa de trabalho legislativo para 2008, ter confirmado publicamente (na pessoa do seu presidente) a intenção de apresentar propostas de emendas à Directiva de modo a permitir que os CEEs possam antecipar e acompanhar os processos de reestruturação empresarial.

O eco que devolve a participação portuguesa nos CEEs não passa ainda de um murmúrio, ou mesmo, nalguns casos, de um silêncio. Mas talvez os CEEs, como refere Eduardo Lourenço (2001: 111) a propósito da Europa, se aprendam *marchando*, isto é, com a prática. É preciso ainda que os representantes portugueses se afirmem mais seguramente como agentes activos nos CEEs. É igualmente necessário que os CEEs deixem de funcionar como caixas de ressonância dos (fundados) receios e clivagens locais e nacionais e se assumam efectivamente como instituições incontornáveis na construção do diálogo social transnacional.

REFERÊNCIAS BIBLIOGRÁFICAS

ALTMEYER, Werner (2003), "Work in progress", *Mitbestimmung International Edition*. http://www.boeckler.de. Acedido: 14.09.2007

BEIRNAERT, Jeroen (2006), *Case Study on Best Practices in EWC Functioning*. Social Development Agency. http://www.sda-asbl.org. Acedido: 26.07.2007

BÉTHOUX, Élodie (2004a), "Les Comités d'Entreprises Européens en quête de légitimité", *Travail et Emploi*, 98, 21-35.

BÉTHOUX, Élodie (2004b), "Comités d'entreprise européens et mobilisations du droit: l'information et la consultation des travailleurs au prisme des restructurations", 1er Congrès de l'Association Française de Sociologie (AFS), Villetaneuse, Février 2004.

BICKNELL, Helen (2007), "Ethno-, poly- and Eurocentric European Works Councils. How does German involvement influence their identity?", *in* Michael Whittall *et al.* (eds.) (2007), *Towards a European Labour Identity. The case of European Works Councils*. London: Routledge, 111-131.

BLANKE, Thomas (1999), "European Works Councils as an institution of European employee information and consultation: Overview of typical features of national transposition provisions, outstanding legal questions and demands for amendments to EWC Directive 94/45/EC", *in* European Trade Union Institute, *A Legal Framework for European Industrial Relations* (Report 60). Brussels: European Trade Union Institute, 39-56.

BLANPAIN, Roger (1998), "European Works Councils in Multinational Enterprises", *ILO Working Paper*, nº 83. http://www.ilo.com. Acedido: 6.10.2005

BUSCHAK, Willy (1995), "European works councils open new horizons", *Transfer – European Review of Labour and Research*, 1 (1), 133-135.

BUSHACK, Willy (1996), *Les Comités d'Entreprises Européens. La Directive européenne: analyse et commentaires de la CES (mimeo.)*, 1-47.

BUSCHAK, Willy (1999), "Five years after: a look forward to the revision of the EWC Directive", *Transfer – European Review of Labour and Research*, 5 (3), 384-392.

BUSCHAK, Willy (2000), "Review of the EWC Directive", *in* E. Gabaglio e R. Hoffmann (eds.), *European Trade Union Yearbook, 1999*. Brussels: European Trade Union Institute, 161-172.

BUSCHAK, Willy (2004), "The practical and legal problems of European Works Councils. Reviewing the Directive", *in* Ian Fitzgerald; John Stirling

(2004) (eds.), *European Works Councils. Pessimism of the intellect, optimism of the will?*. London: Routledge, 67-79.

CARLEY, Mark (2001), *Bargaining at European level? Joint texts negotiated by European Works Councils*. Luxembourg: European Foundation for the Improvement of Living and Working Conditions.

CARLEY. M; HALL, M. (1996), "Comparative Analysis of Agreements", *in* European Foundation for the Improvement of Living and Working Conditions/European Commission: DG V, 13-40.

CARLEY, Mark; MARGINSON, Paul (2000), *Comités d'Entreprises Européens. Une étude comparative entre les accords visés à l'article 6 et á l'article 13*. Rapport pour la Fondation Européenne pour l'Amélioration des Conditions de Vie et de Travail et la Commission Européenne. Luxembourg: Office des Publications Officielles des Communautés Européennes.

CÉLESTIN, Jean-Bernard (2002), *A Qualidade do Emprego*. Direcção-Geral do Em-prego e Formação Profissional. http://www.dgert.gov.pt. Acedido: 6.10.2005

COMISSÃO EUROPEIA (2005), *Factos e Números Essenciais sobre a Europa e os Europeus*. Luxemburgo: Serviço das Publicações Oficiais das Comunidades Europeias.

CGTP-IN (2005), *Plano de Acção: "Garantir a Igualdade, Agir para Mudar"*, apresentado na IV Conferência Sindical sobre igualdade entre as mulheres e homens, Lisboa, 15 de Abril de 2005. http://www.cgtp.pt. Acedido: 13.04.2007

CONSELHO DE EMPRESA EUROPEU DO GRUPO BES (2005), "Conselho Europeu de Empresa do Grupo Banco Espírito Santo", *Boletim Informativo*, 1, 1-6.

COSTA, Hermes Augusto (1996), *Os Conselhos de Empresa Europeus: Na rota da fábrica global?*. Lisboa: Fundação Friedrich Ébert.

COSTA, Hermes Augusto (2004a), "Portuguese trade unionism *vis-à-vis* the European Works Councils", *South European Society & Politics*, 9 (2), Autumn 2004, 218-252.

COSTA, Hermes Augusto (2004b), "O sindicalismo português face aos Conselhos de Empresa Europeus", em Boaventura S. Santos (org.), *Trabalhar o mundo: os caminhos do novo internacionalismo operário*, Porto, Afrontamento, 173-206.

COSTA, Hermes Augusto (2005), *Sindicalismo global ou metáfora adiada? Os discursos e as práticas transnacionais da CGTP e da CUT*. (Tese de Doutoramento em Sociologia). Coimbra: Faculdade de Economia, 854 pp.

COSTA, Hermes Augusto (2006a), "The old and the new in the new labour internationalism", *in* Boaventura Sousa Santos (ed.), *Another Production is Possible: Beyond the capitalist canon*. London: Verso, 243-278.

COSTA, Hermes Augusto (2006b), "Portuguese trade unionism *vis-à-vis* the European Works Councils", *in* B. S Santos e J. A. Nunes (eds.), *Reinventing de-mocracy: grassroots movements in Portugal*. London: Routledge, 218-252.

COSTA, Hermes Augusto (2008), *Sindicalismo global ou metáfora adiada? Discursos e práticas transnacionais da CGTP e da CUT*. Porto: Apontamento, 347 pp.

COSTA, Hermes Augusto; ARAÚJO, Pedro (2006), "European Works Councils in Portugal", *European Works Councils Bulletin*, 66, 15-18

COSTA, Hermes Augusto; ARAÚJO, Pedro (2007a), "Os acordos de Conselhos de Empresa Europeus envolvendo representantes de trabalhadores portugueses", *Oficina do CES*, 267, 1-43 [também disponível em http://www.ces.uc.pt].

COSTA, Hermes Augusto; ARAÚJO, Pedro (2007b), "Diálogo social transnacional em multinacionais com sede em Portugal: Conselhos de Empresa Europeus, obstáculos e realizações", *Sociedade e Trabalho*, 31, 17-32.

COSTA, Hermes Augusto; ARAÚJO, Pedro (2007c), "Informação e consulta nas multinacionais: a experiência dos representantes portugueses em Conselhos de Empresa Europeus", *Revista Crítica de Ciências Sociais*, 79, 3-33.

COSTA, Hermes Augusto; ARAÚJO, Pedro (2008a), "O impacto dos Conselhos de Empresa Europeus em Portugal", *Janus-Anuário de Relações Exteriores*, 11, 194-195.

COSTA, Hermes Augusto; ARAÚJO, Pedro (2008b), "European Companies without European Works Councils: Evidence from Portugal", *European Journal of Industrial Relations*, 14 (3) 309-325.

CRYSTAL, David (1997), *English as a Global Language*. Cambridge: Cambridge University Press.

DA COSTA, Isabel; REHFELDT, Udo (2006a), *Syndicats et Firmes Américaines dans l'Espace Social Européen: des Comités d'Entreprises Européens aux Comités Mondiaux*. Rapport pour le Commissariat Général du Plan. Noisy-le-Grand: Centre d'Étude de l'Emploi.

DA COSTA, Isabel; REHFELDT, Udo (2006b), "European Unions and American automobile firms; from European Works Councils to world councils?", Labor and Employment Relations Association, 2006, Proceedings of the 58th Annual Meeting, January, 5-8, 2006, Boston.

DA COSTA, Isabel; REHFELDT, Udo (2006c), "La négociation collective transnationale européenne chez Ford et General Motors", *Connaissance de L'emploi*, 35, 1-4.

DA COSTA, Isabel; REHFELDT, Udo (2007), "European Works Councils and transnational bargaining about restructuring in the auto industry", *Transfer – European Review of Labour and Research*, 13 (2), 313-316.

DANIS, Jean-Jacques (1996), "European Works Councils", *in* Gabaglio e Hoffmann (eds.) (1996), *European Trade Union Yearbook*. Brussels: European Trade Union Institute, 77-94.

DANIS, J-J.; HOFFMANN, R. (1995), "From the Vredeling Directive to the European Works Council Directive", *Transfer – European Review of Labour and Research*, 1 (2), 180-187.

DIDRY, Claude *et al.* (2005), "La construction et les enjeux d'un système de relations professionnelles européen", *in* Groupe de projet *Thomas* (2005), *L'Europe et le Dialogue Social*. Recueil de notes, 12, 29-44.

EIRR (2000), "A survey of EWC members", *European Industrial Relations Review*, 318, July, 26-28.

EIRR (2004), "Commission issues consultation on EWCs Directive", *European Industrial Relations Review*, 365, June, 13-16.

ETUC, UNICE/UEAPME, CEEP (2005), *Lessons learned on European Works Councils*. Relatório conjunto. http://www.ebr-service.de. Acedido: 25.07.2007

EUROBAROMETER (2005), *Europeans and Languages*. Brussels: European Commission.

FITZGERALD, Ian (2004), "Employee participation in Europe", *in* I. Fitzgerald e J. Sterling (eds.), *European Works Councils: Pessimism of the intellect, optimism of the will?* London: Routledge, 1-11.

GASPAR, Laura; FIOLHAIS, Rui (1996), *Europa Social (1957-1992): evolução e perspectivas na área das relações e condições de trabalho*. Lisboa: Ministério para a Qualificação e o Emprego.

GILMAN, Mark; MARGINSON (2004), "Negotiating European Works Councils. Contours of constrained choice", *in* Ian Fitzgerald; John Stirling (2004) (eds.), *European Works Councils. Pessimism of the intellect, optimism of the will?*. London: Routledge, 93-112.

GRUPO BANCO ESPÍRITO SANTO (2003), *Acordo final para a instituição de um procedimento de informação e consulta no Grupo Banco Espírito Santo*. Lisboa: Banco Espírito Santo.

GRUPO BANCO ESPÍRITO SANTO (2005), *Acordo final para a instituição de um Conselho de Empresa Europeu do Grupo Banco Espírito Santo*. Lisboa: Banco Espírito Santo.

HALL, Mark (2003), "Unions seek more influence for EWCs", *International Union Rights*, 10 (1), 6-7.

HANCKÉ, Bob (2000), "European Works Councils and industrial restructuring in the European motor industry", *European Journal of Industrial Relations*, 6 (1), 35-59.

HOFFMANN, Jürgen (2002), "Beyond the myth: 'international solidarity' as a challenge to trade unions in the age of globalization and Europeanisation", *in* J. Hoffmann (org.), *The solidarity dilemma: globalization, Europeanisation and the trade unions*. Brussels: European Trade Union Institute, 119-144.

HYMAN, Richard (2000), "Editorial", *European Journal of Industrial Relations*, 6 (1), 5-7.

JORNAL OFICIAL DAS COMUNIDADES EUROPEIAS (1990), nº C 68, de 19 de Março de 1990.

JORNAL OFICIAL DAS COMUNIDADES EUROPEIAS (1991), nº C 336, de 31 de Dezembro de 1991.

JORNAL OFICIAL DAS COMUNIDADES EUROPEIAS (1991), nº C 39, de 15 de Fevereiro de 1991.

JORNAL OFICIAL DAS COMUNIDADES EUROPEIAS (1994), Directiva 94/45/CE do Conselho de 22.09.1994. JOC nº L 254/64, de 30 de Setembro de 1994.

KELLER, Berndt K. (1995), "Rapporteurs' report: emerging models of worker participation and representation", *British Journal of Industrial Relations*, 33 (3), 317-327.

KERCKHOFS, Peter (2003), "Enlargement and European Works Councils", *Transfer – European Review of Labour and Research*, 9 (1), 162-169.

KERCKHOFS, Peter (2006), *European Works Councils – Facts and figures*. Brussels: European Trade Union Institute for Research, Education and Health and Safety.

KERCKHOFS, Peter; PAS, Irmgard (2004) *European Works Councils Database – 2004*. Brussels: European Trade Union Institute.

KERCKHOFS, Peter; PAS, Irmgard (2006) *European Works Councils Database – 2006*. Brussels: European Trade Union Institute.

KNUDSEN, Herman (1995), *Employee participation in Europe*. London: Sage.

KNUDSEN, Herman (2003a), "European Works Councils – A way to employee influence in multinational companies?", Paper to the 6th. ESA Conference, Murcia, 23-25 September 2003.

KNUDSEN, Herman (2003b), "Between the local and the global – representing employee interests in European Works Councils of multinational companies", *in* Daniel Fleming and Christer Thörnqvist (eds.), *Nordic Management-Labour Relations and Internationalization. Converging and diverging tendencies*. Copenhagen: Nordic Councils of Ministers, 47-77.

KÖHLER, Holm-Detlev; BEGEGA, Sérgio González (2007), "Still learning from Europe. Spanish participation in European Works Councils", *in* Michael Whittall *et al.* (eds.) (2007), *Towards a European Labour Identity. The case of European Works Councils*. London: Routledge, 132-149.

KOTTHOF, Herman (2007), "The European Works Councils and the feeling of interdependence", *in* Michael Whittall *et al.* (eds.) (2007), *Towards a European Labour Identity. The case of European Works Councils*. London: Routledge, 169-181.

KRIEGER, Hubert; BONNETON, Pascale (1995), "Analysis of existing voluntary agreements on information and consultation in European multinationals", *Transfer – European Review of Labour and Research*, 1 (2), 188-206.

LECHER, Wolfgang (1998), "European Works Councils: Experiences and perspectives", *in* W. Lecher and H.-W. Platzer (eds.), *European Union – European Industrial Relations?*. London: Routledge.

LECHER, Wolfgang (1999), "Resources of the European Works Councils – empirical knowledge and prospects", *Transfer – European Review of Labour and Research*, 5 (3), 278-301.

LECHER, Wolfgang *et al.* (1999), *The Establishment of European Works Councils. From information committee to social actor*. Aldershot: Ashgate.

LECHER, Wolfgang *et al.* (2001a), *European Works Councils: Development, types and networking*. Aldershot: Ashgate.

LECHER, Wolfgang *et al.* (2001b), "Impressive progress", *Mitbestimmung International Edition*. http://www.boeckler.de. Acedido: 28.09.2007

LEITE, Jorge *et al.* (1996), *Conselhos de Empresa Europeus: Comentários à Directiva 94/45/CE*. Lisboa: Cosmos.

LOURENÇO, Eduardo (2001), "A Europa no imaginário português", *in* Eduardo Lourenço (2001), *A Europa Desencantada. Para uma mitologia europeia*. Lisboa: Gradiva, 105-116.

LUCIO, Miguel Martínez; WESTON, Syd (2000), "European Works Councils and 'flexible regulation': The politics of intervention", *European Journal of Industrial Relations*, 6 (2), 203-216.

MARGINSON, Paul (1999), "EWC agreements under review: arrangements in companies based in four countries compared", *Transfer – European Review of Labour and Research*, 5 (3), 256-277.

MARGINSON, Paul *et al.* (1998), *Negotiating European Works Councils: An analysis of agreements under article 13*. Report for the European Foundation for the Improvement of Living and Working Conditions and the European Commission. Luxemburg: Office for Official Publications of the European Communities.

MARTIN, Andrew; ROSS, George (2000), "European integration and the Europeanisation of labour", *in* M. E. Gordon and L. Turner (eds.), *Transnational cooperation among labor unions*. Ithaca: Cornell University Press, 120-149.

MILLER, Doug (1999), "Towards a «European» works council", *Transfer – European Review of Labour and Research*, 5 (3), 344-365.

MILLER, Doug *et al.* (2000), "The politics of language and European Works Councils: Towards a research agenda" *European Journal of Industrial Relations*, 6 (3), 307-323.

MOREAU, Marie-Ange (2006), "Restructuration et comité d'entreprise européen", *EUI Working Paper LAW*, 02.

MOSCOVICI, Serge; DOISE, Willem (1991), *Dissensões e Consenso*. Lisboa: Livros Horizonte.

MÜLLER, Torsten; HOFFMANN, Aline (2001), "EWC research: a review of the literature", *Warwick Papers in Industrial Relations*, 65, November 2001.

NAKANO, Satochi (1999), "Management views of European Works Councils: A preliminary survey of Japanese multinationals", *European Journal of Industrial Relations*, 5 (3), 307-326.

PATERNOTRE, Michel (1998), "La Directive «Comité d'Entreprise Européen». État des lieux avant révision", Observatoire Social Européen, Working Paper nº 21.

PICHOT, E. (1996), *L'Europe des représentants du personnel et de leurs attributions économiques*. Report for the European Commission. Luxembourg: Office for Official Publications of the European Communities.

PSIMMENOS, Iordanis (1997), *Globalisation and employee participation*. Aldershot: Ashgate.

RAMSAY, H. (1997), "Fool's Gold? European Works Councils and workplace democracy", *Industrial Relations Journal*, 28 (4), 314-322.

REHFELDT, Udo (1993), "Les syndicats européens face à la transnationalisation des enteprises", *Le Mouvement Social*, 162, 69-93.

REIBSCH, Reinhard (1998), "Eficacia y significado de los comités de empresas europeos", *in* M. S. Castro e A. Wachendorfer (eds.), *Sindicalismo y globalización: la dolorosa inserción en un mundo incierto*. Caracas: Nueva Sociedad, 107-130.

SANTOS, Boaventura de Sousa; COSTA, Hermes Augusto (2004), "Introdução: para ampliar o cânone do internacionalismo operário", *in* B. S. Santos (org.), *Trabalhar o mundo: os caminhos do novo internacionalismo operário*. Porto: Afrontamento, 17-61.

SIMÕES, Nuno (1996), "Informação e Consulta dos Trabalhadores nas Empresas ou Grupos de Empresas de Dimensão Comunitária: Um modelo negocial". Lisboa: Conselho Económico e Social, 7-55.

SLOMP, Hans (1998), *Between bargaining and politics: an introduction to European labor relations*. London: Praeger.

STIRLING, John; FITZGERALD, Ian (2001), "European Works Councils: Representing workers on the periphery", *Employee Relations*, 23 (1), 13-25.

STIRLING, John; TULLY, Barbara (2004), "Power, process, and practice: communications in European Works Councils", *European Journal of Industrial Relations*, 10 (1), 73-89.

STOOP, Sjef (1995), "Financial and Economic data: Steps to develop an information strategy for EWC members". Policopiado: 1-18.

STREECK, Wolfgang (1998), "The internationalization of industrial relations in Europe: prospects and problems", *Politics & Society*, 26 (4), 429-459.

STREEK, Wolfgang (1997), "Neither European nor Works Councils: a reply to Paul Knutsen", *Economic abd Industrial Democracy*, 18, 325-327.

TELLJOHANN, Volker (2005a), "The European Works Councils – a role beyond the EC Directive?", *Transfer – European Review of Labour and Research*, 1 (5), 81-96.

TELLJOHANN, Volker (ed.) (2005b), *Quality inventories on the operation and results of European Works Councils*. Bolonha: Fondazione Istituto per il Lavoro.

Transfer – European Review of Labour and Research, 1 (2) (1995), *European Works Councils* (thematic issue).

Transfer – European Review of Labour and Research, 5 (3) (1999), *Towards revision of the European Works Councils Directive* (thematic issue).

TULLY, Barbara (2004), "Organising across borders. Developing trade union networks", *in* Ian Fitzgerald; John Stirling (eds.), *European Works Councils. Pessimism of the intellect, optimism of the will?*. London: Routledge, 165-177.

VITOLS, Sigurt (2003), "Management cultures in Europe: European Works Councils and Human Resource management in multinational enterprises", Final Report of a study commissioned by the *Forum Mitbestimmung und Unternehmen*. A joint initiative of the Bertelsmann Foundation and the Hans Böckler Foundation. http://www.wz-berlin.de. Acedido: 03.10.2007

WADDINGTON, Jeremy (2003), "What do representatives think of the practices of European Works Councils? Views from six countries", *European Journal of Industrial Relations*, 9 (3), 303-325.

WADDINGTON, Jeremy (2005), "The views of European Works Councils representatives", Meeting of the «What's the Problem« Project, Brussels, November 4, 2005.

WADDINGTON, Jeremy (2006a), "How EWC members see it", *Mitbestimmung International Edition*, 8, 41-44.

WADDINGTON, Jeremy (2006b), "The views of European Works Councils representatives", Conference *Co-determination in a Modern Europe: Democratic Workers' Participation or Convergence at Minimal Standards*, organized by the Otto Brenner Stifung, Bratislava, May 30-Jun 1, 2006.

WADDINGTON, Jeremy (2006c), "The performance of EWCs 12 years after the Directive", *European Works Councils Bulletin*, 65, September/October 2006, 7-11.

WADDINGTON, Jeremy; KERCKHOFS, Peter (2003), "European Works Councils: What is the current state of play?", *Transfer – European Review of Labour and Research*, 9 (2), 322-339.

WALTERS, D. (2000) 'Employee Representation on Health and Safety and European Works Councils', *Industrial Relations Journal*, 31 (5), 416-436.

WEBER, Tina *et al.* (2000), "Costs and benefits of the European Works Councils Directive", *Employment Relations Research Series*, Nº 9.

WESTON, Syd; LUCIO, Miguel Martinez (1997), "Trade unions, management and European Works Councils: Opening Pandora's box?", *The International Journal of Human Resource Management*, 8(6), 764-779.

WILLS, Jane (1998), "Making the best of it? Managerial attitudes towards, and experience of, European Works Councils in UK-owned multinational firms", Working Paper N° 3, Southampton: Department of Geography, University of Southampton.

WILLS, Jane (2000), "Great expectations: three years in the life of a European Works Council", *European Journal of Industrial Relations*, 6 (1), 83-105.

WILLS, Jane (2001), "Uneven geographies of capital and labour: the lessons of European Works Councils", *in* P. Waterman e J. Wills (eds.), *Place, space and the new labour internationalisms*. Oxford: Blackwell, 180-205.

WILLS, Jane (2004), "Re-scaling trade unions organizations: Lessons from the European front line", *in* Ronaldo Munck (ed.), *Labour and Globalisation*. Liverpool: Liverpool University Press, 85-104.

WHITTALL, Michael *et al.* (eds.) (2007), *Towards a European Labour Identity. The case of European Works Councils*. London: Routledge.

ANEXOS

ANEXO 1

Directiva 94/45/CE do Conselho, de 22 de Setembro de 1994, relativa à instituição de um conselho de empresa europeu ou de um procedimento de informação e consulta dos trabalhadores nas empresas ou grupos de empresas de dimensão comunitária

Jornal Oficial nº L 254 de 30/09/1994 p. 0064 – 0072

DIRECTIVA 94/45/CE DO CONSELHO de 22 de Setembro de 1994 relativa à instituição de um conselho de empresa europeu ou de um procedimento de informação e consulta dos trabalhadores nas empresas ou grupos de empresas de dimensão comunitária

O CONSELHO DA UNIÃO EUROPEIA,

Tendo em conta o Acordo relativo à política social anexo ao protocolo nº 14, relativo à política social, anexo ao Tratado que institui a Comunidade Europeia e, nomeadamente, o nº 2 do seu artigo 2º,

Tendo em conta a proposta da Comissão[1],

Tendo em conta o parecer do Comité Económico e Social[2],

Deliberando nos termos do procedimento previsto no artigo 189ºC do Tratado[3],

Considerando que, com base no protocolo relativo à política social, anexo ao Tratado que institui a Comunidade Europeia, o Reino da Bélgica, o Reino da Dinamarca, a República Federal da Alemanha, a República Helénica, o Reino de Espanha, a República Francesa, a Irlanda, a República Italiana, o Grão-Ducado do Luxemburgo, o Reino dos Países Baixos e a República Por-

---

[1] JO nº C 135 de18. 5. 1994, p. 8 e JO nº C 199 de 21. 7. 1994, p. 10.

[2] Parecer proferido em 1 de Junho de 1994 (ainda não publicado no Jornal Oficial).

[3] Parecer do Parlamento Europeu de 4 de Maio de 1994 (JO nº C 205 de 25. 7. 1994), posição comum do Conselho de 18 de Julho de 1994 (JO nº C 244 de 31. 8. 1994, p. 37).

tuguesa, a seguir designados «Estados-membros», desejando aplicar a Carta social de 1989, adoptaram entre si um acordo relativo à política social;

Considerando que o nº 2 do artigo 2º do citado acordo autoriza o Conselho a adoptar, por meio de directivas, prescrições mínimas;

Considerando que, nos termos do artigo 1º do acordo, a Comunidade e os Estados-membros têm nomeadamente por objectivo a promoção do diálogo entre parceiros sociais;

Considerando que o ponto 17 da Carta comunitária dos direitos sociais fundamentais dos trabalhadores prevê, nomeadamente, que «a informação, a consulta e a participação dos trabalhadores devem ser desenvolvidas segundo regras adequadas e tendo em conta as práticas em vigor nos diferentes Estados-membros»; que «tal é válido nomeadamente nas empresas ou grupos com estabelecimentos ou empresas situados em vários Estados-membros»;

Considerando que, não obstante a existência de um amplo consenso entre a maioria dos Estados-membros, não foi possível ao Conselho tomar uma decisão sobre a proposta de directiva relativa à criação de um conselho de empresa europeu nas empresas ou grupos de empresas de dimensão comunitária, tendo em vista a informação e a consulta dos trabalhadores[4], com as alterações que lhe foram introduzidas em 3 de Dezembro de 1991[5];

Considerando que, nos termos do nº 2 do artigo 3º do Acordo relativo à política social, a Comissão consultou os parceiros sociais a nível comunitário sobre a possível orientação de uma acção comunitária no domínio da informação e da consulta dos trabalhadores nas empresas ou grupos de empresas de dimensão comunitária;

Considerando que, após essa consulta, a Comissão, considerando desejável uma acção comunitária, consultou novamente os parceiros sociais sobre o conteúdo da proposta em causa, nos termos do nº 3 do artigo 3º do referido acordo, e que os parceiros sociais apresentaram à Comissão os respectivos pareceres;

Considerando que, concluída esta segunda fase de consultas, os parceiros sociais não comunicaram à Comissão a sua intenção de dar início ao processo susceptível de conduzir à celebração de um acordo, conforme previsto no artigo 4º do referido acordo;

---

[4] JO nº C 39 de 15. 2. 1991, p. 10.
[5] Jo nº C 336 de 31. 12. 1991, p. 11.

Considerando que o funcionamento do mercado interno implica um processo de concentrações de empresas, fusões transfronteiriças, absorções e associações e, consequentemente, uma transnacionalização das empresas e dos grupos de empresas; que, para assegurar o desenvolvimento harmonioso das actividades económicas, é necessário que as empresas e os grupos de empresas que operam em diversos Estados-membros informem e consultem os representantes dos trabalhadores afectados pelas suas decisões;

Considerando que os procedimentos de informação e consulta dos trabalhadores consagrados nas legislações ou na prática dos Estados-membros são muitas vezes inadaptados à estrutura transnacional da entidade que toma a decisão que afecta esses trabalhadores; que esta situação poderá conduzir a um tratamento desigual dos trabalhadores afectados pelas decisões no interior de uma mesma empresa ou de um mesmo grupo;

Considerando que devem ser adoptadas disposições adequadas por forma a garantir que os trabalhadores empregados em empresas ou grupos de empresas de dimensão comunitária sejam convenientemente informados e consultados quando, fora do Estado-membro em que trabalham, são tomadas decisões que possam afectá-los;

Considerando que, para garantir que os trabalhadores de empresas ou de grupos de empresas que operam em diversos Estados-membros sejam convenientemente informados e consultados, é conveniente instituir um conselho de empresa europeu ou criar outros procedimentos adequados de informação e consulta transnacionais dos trabalhadores;

Considerando que, para o efeito, é necessária uma definição da noção de empresa que exerce o controlo que se aplique exclusivamente à presente directiva e não prejudique outras definições de grupo e de controlo que possam ser adoptadas em textos a elaborar no futuro;

Considerando que os mecanismos para a informação e consulta dos trabalhadores dessas empresas ou desses grupos devem incluir todos os estabelecimentos ou, consoante o caso, todas as empresas pertencentes ao grupo, situados nos Estados-membros, quer a direcção central da empresa ou, no caso de um grupo, da empresa que exerce o controlo, esteja ou não situada no território dos Estados-membros;

Considerando que, de acordo com o princípio da subsidiariedade, compete aos Estados-membros a determinação de quem são os representantes dos trabalhadores, e nomeadamente prever, se assim o entenderem adequado, uma representação equilibrada das diversas categorias de trabalhadores;

Considerando que, em conformidade com o princípio da autonomia das partes, compete aos representantes dos trabalhadores e à direcção da empresa ou da empresa que exerce o controlo do grupo determinar, por mútuo acordo, a natureza, a composição, as atribuições, as regras de funcionamento, as normas processuais e os recursos financeiros do conselho de empresa europeu ou de qualquer outro procedimento de informação e consulta, por forma a que se adaptem à sua situação específica;

Considerando, todavia, que convém prever determinadas disposições supletivas a aplicar se as partes assim o decidirem, se a direcção central se recusar a iniciar negociações ou se não houver acordo no termo das negociações;

Considerando, além disso, que os representantes dos trabalhadores podem decidir não solicitar a instituição de um conselho de empresa europeu, ou que as partes interessadas podem acordar noutros procedimentos de informação e consulta transnacionais dos trabalhadores;

Considerando que, sem prejuízo da faculdade conferida às partes de adoptarem outras disposições, o conselho de empresa europeu instituído na ausência de acordo entre as partes, para realizar o objectivo da presente directiva, deve ser informado e consultado sobre as actividades da empresa ou do grupo de empresas, por forma a poder avaliar o seu eventual impacte nos interesses dos trabalhadores de, pelo menos, dois Estados-membros diferentes; que, consequentemente, a empresa ou a empresa que exerce o controlo devem ser obrigadas a comunicar aos representantes designados dos trabalhadores informações gerais relativas aos interesses dos trabalhadores e informações mais especificamente relacionadas com os aspectos das actividades da empresa ou do grupo de empresas que afectem os interesses dos trabalhadores; que o conselho de empresa europeu deve ter a possibilidade de formular um parecer no final dessas reuniões;

Considerando que os representantes designados dos trabalhadores devem ser o mais rapidamente possível informados e consultados sobre um certo número de decisões que afectam significativamente os interesses dos trabalhadores;

Considerando que é conveniente prever que os representantes dos trabalhadores que actuem no âmbito da directiva gozem, no exercício das suas funções, da mesma protecção e das garantias similares previstas para os representantes dos trabalhadores pela legislação e/ou a prática do país que o emprega; que não devem sofrer qualquer discriminação pelo exercício legítimo da sua actividade e devem beneficiar de adequada protecção em matéria de licenciamento e outras sanções;

Considerando que, no caso de uma empresa ou de uma empresa que exerça o controlo de um grupo cuja direcção central esteja situada fora do território dos Estados-membros, as disposições da presente directiva relativas à informação e consulta dos trabalhadores devem ser aplicadas pelo seu representante, eventualmente designado, num dos Estados-membros ou, na falta de representante, pelo estabelecimento ou pela empresa controlada que mais trabalhadores empregue nos Estados-membros;

Considerando que convém conceder um tratamento específico às empresas e aos grupos de empresas de dimensão comunitária nos quais exista, à data de aplicação da presente directiva, um acordo aplicável a todos os trabalhadores que preveja a informação e consulta transnacionais dos trabalhadores;

Considerando que os Estados-membros devem tomar medidas apropriadas em caso de não cumprimento das obrigações previstas na presente directiva,

ADOPTOU A PRESENTE DIRECTIVA:

SECÇÃO I
DISPOSIÇÕES GERAIS

Artigo 1º
Objecto

1. A presente directiva tem como objectivo melhorar o direito à informação e consulta dos trabalhadores nas empresas ou grupos de empresas de dimensão comunitária.

2. Para o efeito, será instituído um conselho de empresa europeu ou um procedimento de informação e consulta dos trabalhadores em todas as empresas ou grupos de empresas de dimensão comunitária, quando tal seja requerido nos termos do procedimento previsto no nº 1 do artigo 5º, com a finalidade de informar e consultar os referidos trabalhadores nos termos, segundo as regras e com os efeitos previstos na presente directiva.

3. Em derrogação do nº 2, sempre que um grupo de empresas de dimensão comunitária, na acepção da alínea c) do nº 1 do artigo 2º, compreenda uma ou mais empresas ou grupos de empresas que sejam empresas ou grupos de empresas de dimensão comunitária, na acepção das alíneas a) ou c) do nº 1 do artigo 2º, o conselho de empresa europeu será instituído a nível do grupo, salvo disposições em contrário previstas nos acordos referidos no artigo 6º.

4. Salvo estipulação nos acordos referidos no artigo 6º de um âmbito de aplicação mais amplo, os poderes e as competências dos conselhos de empresa europeus e o alcance dos procedimentos de informação e consulta dos trabalhadores criados para atingir o objectivo referido no nº 1 abrangem, no caso de uma empresa de dimensão comunitária, todos os estabelecimentos situados nos Estados-membros e, no caso de um grupo de empresas de dimensão comunitária, todas as empresas do grupo situadas nos Estados-membros.

5. Os Estados-membros podem dispor que a presente directiva não é aplicável às tripulações da marinha mercante.

Artigo 2º
Definições

1. Para efeitos da presente directiva, entende-se por:

a) «Empresa de dimensão comunitária», qualquer empresa que empregue, pelo menos, 1 000 trabalhadores nos Estados-membros e, em pelo menos dois Estados-membros diferentes, um mínimo de 150 trabalhadores em cada um deles;

b) «Grupo de empresas», um grupo composto pela empresa que exerce o controlo e pelas empresas controladas;

c) «Grupo de empresas de dimensão comunitária», um grupo de empresas que preencha as seguintes condições:

– empregue, pelos menos, 1000 trabalhadores nos Estados-membros,
– possua, pelo menos, duas empresas membros do grupo em Estados-membros diferentes

e

– inclua, pelo menos, uma empresa do grupo que empregue, no mínimo, 150 trabalhadores num Estado-membro e, pelo menos, outra empresa do grupo que empregue, no mínimo, 150 trabalhadores noutro Estado-membro;

d) «Representantes dos trabalhadores», os representantes dos trabalhadores previstos nas legislações e/ou práticas nacionais;

e) «Direcção central», a direcção central da empresa de dimensão comunitária ou, no caso de um grupo de empresas de dimensão comunitária, da empresa que exerce o controlo;

f) «Consulta», a troca de opiniões e o estabelecimento de um diálogo entre os representantes dos trabalhadores e a direcção central ou qualquer outro nível de direcção mais apropriado;

ANEXOS 209

g) «Conselho de empresa europeu», o comité instituído nos termos do nº 2 do artigo 1º ou do disposto no anexo, com o objectivo de informar e consultar os trabalhadores;

h) «Grupo especial de negociação», o grupo constituído nos termos do nº 2 do artigo 5º, para negociar com a direcção central a constituição de um «conselho de empresa europeu» ou um procedimento de informação e consulta dos trabalhadores, nos termos do nº 2 do artigo 1º

2. Para efeitos da presente directiva, os limiares de efectivos são fixados por referência ao número médio de trabalhadores, incluindo os trabalhadores a tempo parcial, empregados no dois anos anteriores, calculado de acordo com as legislações e/ou práticas nacionais.

Artigo 3º
Definição da noção de «empresa que exerce o controlo»

1. Para efeitos da presente directiva, entende-se por «empresa que exerce o controlo» uma empresa que pode exercer uma influência dominante sobre outra empresa («empresa controlada»), por exemplo, em virtude da propriedade, da participação financeira ou das disposições que a regem.

2. Presume-se que uma influência dominante, sem prejuízo de prova em contrário, quando essa empresa, directa ou indirectamente, em relação a outra:

a) Tem a maioria do capital subscrito dessa empresa,
ou

b) Dispõe da maioria dos votos correspondentes às partes de capital emitidas por essa empresa,
ou

c) Pode nomear mais de metade dos membros do conselho de administração, do órgão de direcção ou de fiscalização da empresa.

3. Para efeitos do nº 2, os direitos do voto e de nomeação da empresa que exerce o controlo compreendem os direitos de qualquer outra empresa controlada, bem como os de quaisquer pessoas ou entidades que actuem em nome próprio, mas por conta da empresa que exerce o controlo ou de qualquer outra empresa controlada.

4. Não obstante os nºs 1 e 2, uma empresa não é considerada uma «empresa que exerce o controlo» de outra empresa de que tem participações quando se tratar de uma sociedade abrangida pelo nº 5, alíneas a) ou c), do artigo 3º do Regulamento (CEE) nº 4064/89 do Conselho, de 21 de Dezembro de 1989, relativo ao controlo das operações de concentração de empresas [6].

5. Não se presume a existência de influência dominante apenas pelo facto de uma pessoa mandatada exercer as suas funções, nos termos da legislação de um Estado-membro relativa à liquidação falência, insolvência, cessação de pagamentos, concordata ou a outro processo análogo.

6. A legislação aplicável para determinar se uma empresa é uma «empresa que exerce o controlo» é a do Estado-membro a que se encontra sujeita a empresa em questão.

Se a legislação que rege a empresa não for a de um Estado-membro, a legislação aplicável será a do Estado-membro em cujo território está situado o seu representante ou, na sua falta, a do Estado-membro em cujo território se situa a direcção central da empresa do grupo que emprega o maior número de trabalhadores.

7. Em caso de conflito de leis na aplicação no nº 2, sempre que duas ou mais empresas de um grupo satisfaçam um ou mais dos critérios estabelecidos no referido nº 2, será considerada empresa que exerce o controlo, sem prejuízo da prova de que outra empresa possa exercer uma influência dominante, aquela que satisfaz o critério estabelecido na alínea c).

SECÇÃO II

INSTITUIÇÃO DE UM CONSELHO DE EMPRESA EUROPEU OU DE UM PROCEDIMENTO DE INFORMAÇÃO E CONSULTA DOS TRABALHADORES

ARTIGO 4º

Responsabilidade de instituição de um conselho de empresa europeu ou de um procedimento de informação e consulta dos trabalhadores

1. Compete à direcção central criar as condições e proporcionar os meios necessários à instituição do conselho de empresa europeu ou de um

---

[6] JO nº L 395 de 30. 12. 1989, p. 1.

procedimento de informação e consulta a que se refere o nº 2 do artigo 1º na empresa ou grupo de empresas de dimensão comunitária.

2. Sempre que a direcção central não estiver situada num Estado-membro, incumbe ao representante da direcção central num Estado-membro, eventualmente designado, a responsabilidade referida no nº 1.

Na falta desse representante, incumbe à direcção do estabelecimento ou à da empresa do grupo que emprega o maior número de trabalhadores num Estado-membro a responsabilidade referida no nº 1.

3. Para efeitos da presente directiva, o ou os representantes ou, na falta destes, a direcção referida no segundo parágrafo do nº 2, são considerados a direcção central.

Artigo 5º

Grupo especial de negociação

1. A fim de atingir o objectivo a que se refere o nº 1 do artigo 1º, a direcção central encetará as negociações para a instituição de um comité europeu de empresa ou de um procedimento de informação e consulta, por iniciativa própria ou mediante pedido escrito de, no mínimo, 100 trabalhadores, ou dos seus representantes, provenientes de pelo menos duas empresas ou estabelecimentos situados em pelo menos dois Estados-membros diferentes.

2. Para o efeito, será constituído um grupo especial de negociação de acordo com as seguintes directrizes:

a) Os Estados-membros determinam o modo de eleição ou de designação dos membros do grupo especial de negociação que devem ser eleitos ou designados no seu território.

Os Estados-membros devem dispor que os trabalhadores de empresas e/ou estabelecimentos nos quais não existam representantes dos trabalhadores por motivos alheios à sua vontade têm o direito de eleger ou de designar, eles próprios, membros do grupo especial de negociação.

O segundo parágrafo não prejudica as legislações e/ou práticas nacionais que estabelecem limiares para constituição de um órgão de representação dos trabalhadores;

b) O grupo especial de negociação é composto no mínimo por três membros e no máximo por dezassete membros.

c) Nas eleições ou designações, deve assegurar-se:

– em primeiro lugar, a existência de um representante por cada Estado-membro no qual a empresa de dimensão comunitária possua um ou mais estabelecimentos ou em que o grupo de empresas de dimensão comunitária possua a empresa que exerce o controlo ou uma ou mais empresas controladas,

– em segundo lugar, a existência de representantes suplementares em número proporcional ao dos trabalhadores dos estabelecimentos, da empresa que exerce o controlo ou das empresas controladas nos termos da legislação do Estado-membro em cujo território se situa a direcção central;

d) A direcção central e as direcções locais são informadas da composição do grupo especial de negociação.

3. Incumbe ao grupo especial de negociação fixar, com a direcção central e mediante acordo escrito, o âmbito de acção, a composição, as atribuições e a duração do mandato do ou dos conselhos europeus de empresa ou as regras de execução de um procedimento de informação e consulta dos trabalhadores.

4. Para efeitos da celebração de um acordo nos termos do artigo 6º, a direcção central convocará uma reunião com o grupo especial de negociação. Desse facto informará as direcções locais.

Para efeitos das negociações, o grupo especial de negociação pode fazer-se assitir por peritos à sua escolha.

5. O grupo especial de negociação pode decidir por, no mínimo, dois terços dos votos não encetar negociações nos termos do nº 4, ou anulá-las no caso de já estarem em curso.

Uma decisão dessa natureza põe termo ao processo para celebração do acordo referido no artigo 6º Quando for tomada esta decisão, não é aplicável o disposto no anexo.

Um novo pedido de convocação do grupo especial de negociação só pode ser apresentado dois anos após a referida decisão, excepto se as partes interessadas fixarem um prazo mais curto.

6. As despesas relativas às negociações referidas nos nºs 3 e 4 serão suportadas pela direcção central, de modo a que o grupo especial de negociação possa cumprir de forma adequada a sua missão.

Desde que respeitem este princípio, os Estados-membros podem fixar regras orçamentais para o fundionamento do grupo especial de negociação. Podem nomeadamente limitar a participação nas despesas a um único perito.

Artigo 6º
Conteúdo do acordo

1. A direcção central e o grupo especial de negociação devem negociar com espírito de colaboração a fim de chegarem a acordo sobre as regras de execução em matéria de informação e da consulta dos trabalhadores referidas no nº 1 do artigo 1º

2. Sem prejuízo da autonomia das partes, o acordo referido no nº 1 celebrado por escrito entre a direcção central e o grupo especial de negociação estabelecerá:

a) As empresas do grupo de empresas de dimensão comunitária ou os estabelecimentos da empresa de dimensão comunitária abrangidos pelo acordo;

b) A composição do conselho de empresa europeu, bem como o número de membros, a distribuição dos lugares e a duração do mandato;

c) As atribuições e o procedimento de informação e consulta do conselho de empresa europeu;

d) O local, a frequência e a duração das reuniões do conselho de empresa europeu;

e) Os recursos financeiros e materiais a afectar ao conselho de empresa europeu;

f) A duração do acordo e o seu processo de renegociação.

3. A direcção central e o grupo especial de negociação podem decidir por escrito instituir um ou mais procedimentos de informação e consulta, em vez de constituir um conselho de empresa europeu.

O acordo deve estabelecer as regras segundo as quais os representantes dos trabalhadores têm o direito de se reunir para proceder a uma troca de opiniões sobre as informações que lhes são comunicadas.

Essas informações incidem nomeadamente sobre questões transnacionais susceptíveis de afectar consideravelmente os interesses dos trabalhadores.

4. Os acordos referidos nos nºs 2 e 3 não estão sujeitos, salvo disposições em contrário previstas nesses acordos, às disposições supletivas do anexo.

5. Para efeitos da celebração dos acordos referidos nos nºs 2 e 3, o grupo especial de negociação delibera por maioria dos seus membros.

Artigo 7º
Disposições supletivas

1. A fim de assegurar a realização do objectivo referido no nº 1 do artigo 1º, são aplicáveis as disposições supletivas da legislação do Estado-membro no qual está situada a direcção central:

– se a direcção central e o grupo especial de negociação assim o decidirem,

ou

– se a direcção central se recusar a abrir negociações num prazo de seis meses a contar do pedido referido no nº 1 do artigo 5º,

ou

– se não tiver sido celebrado o acordo referido no artigo 6º no prazo de três anos a contar do pedido inicial e o grupo especial de negociação não tiver tomado a decisão prevista no nº 5 do artigo 5º

2. As disposições supletivas referidas no nº 1 previstas na legislação do Estado-membro, devem satisfazer o disposto no anexo.

SECÇÃO III
DISPOSIÇÕES DIVERSAS

Artigo 8º
Informações confidenciais

1. Os Estados-membros devem dispor que os membros do grupo especial de negociação e do conselho de empresa europeu, bem como os peritos que eventualmente os assistam, não são autorizados a revelar a terceiros as informações que lhes tenham sido expressamente comunicadas a título confidencial.

O mesmo se aplica aos representantes dos trabalhadores no âmbito de um procedimento de informação e consulta.

Esta obrigação mantém-se, seja qual for o local em que se encontrem, mesmo após o termo dos respectivos mandatos.

2. Em casos específicos e nos termos e limites fixados na legislação nacional, cada Estado-membro deve dispor que a direcção central situada no seu território não é obrigada a comunicar as informações cuja natureza seja susceptível, segundo critérios objectivos, de entravar gravemente o funcionamento das empresas em causa ou de as prejudicar.

O Estado-membro em causa pode subordinar esta dispensa a uma autorização administrativa ou judicial prévia.

3. Cada Estado-membro pode adoptar disposições especiais a favor da direcção central das empresas estabelecidas no seu território que tenham directa e principalmente finalidades de orientação ideológica relacionadas com a informação e a expressão de opiniões, desde que, à data de adopção da presente directiva, essas disposições especiais já existam na legislação nacional.

Artigo 9º
Funcionamento do conselho de empresa europeu e do procedimento de informação e consulta dos trabalhadores

A direcção central e o conselho de empresa europeu trabalham em espírito de colaboração e na observância dos seus direitos e obrigações recíprocos.

O mesmo se aplica à colaboração entre a direcção central e os representantes dos trabalhadores no âmbito de um procedimento de informação e consulta dos trabalhadores.

Artigo 10º
Protecção dos representantes dos trabalhadores

Os membros do grupo especial de negociação, os membros do conselho de empresa europeu e os representantes dos trabalhadores que exercem funções no âmbito do procedimento referido no nº 3 do artigo 6º gozam, no exercício das suas funções, da mesma protecção e de garantias semelhantes às previstas para os representantes dos trabalhadores na legislação e/ou práticas nacionais no seu país de emprego.

Isto refere-se, em especial, à participação em reuniões do grupo especial de negociação ou do conselho de empresa europeu, ou em qualquer outra reunião realizada no âmbito do acordo referido no nº 3 do artigo 6º, bem como ao pagamento dos respectivos salários, tratando-se de membros que fazem parte do pessoal da empresa ou grupo de empresas de dimensão comunitária, durante os períodos de ausência necessários ao exercício das suas funções.

Artigo 11º
Cumprimento do disposto na presente directiva

1. Cada Estado-membro assegurará que a direcção dos estabelecimentos de uma empresa de dimensão comunitária ou das empresas de um grupo de empresas de dimensão comunitária, situados no seu território e os representantes dos respectivos trabalhadores ou, consoante o caso, os respectivos trabalhadores, respeite as obrigações previstas na presente directiva, independentemente de a direcção central se situar ou não no seu território.

2. Os Estados-membros assegurarão que sejam comunicadas pelas empresas, a pedido das partes interessadas no âmbito da aplicação da presente directiva, as informações relativas ao número de trabalhadores referidos no nº 1, alíneas a) e c), do artigo 2º

3. Os Estados-membros tomarão as medidas adequadas em caso de não cumprimento do disposto na presente directiva; assegurarão, nomeadamente, a existência de processos administrativos ou judiciais que permitam obter a execução das obrigações decorrentes da presente directiva.

4. Ao aplicarem o artigo 8º, os Estados-membros instituirão processos de recurso administrativo ou judicial que os representantes dos trabalhadores podem interpor quando a direcção central exigir confidencialidade ou não facultar as informações nos termos do mesmo artigo 8º

Esses processos podem incluir processos destinados a salvaguardar a confidencialidade da informação em questão.

Artigo 12º
Relação entre a presente directiva e outras disposições

1. A presente directiva é aplicável sem prejuízo das disposições tomadas nos termos da Directiva 75/129/CEE do Conselho, de 17 de Fevereiro de 1975, relativa à aproximação das legislações dos Estados-membros respeitantes aos despedimentos colectivos[7], e com a Directiva 77/187/CEE do Conselho, de 14 de Fevereiro de 1977, relativa à aproximação das legislações dos Estados-membros respeitantes à manutenção dos direitos dos trabalha-

---

[7] JO nº L 48 de 22. 2. 1975, p. 29. Directiva com a última redacção que lhe foi dada pela Directiva 92/56/CEE (JO nº L 245 de 26. 8. 1992, p. 3).

dores em caso de transferência de empresas, estabelecimentos ou partes de estabelecimentos[8].

2. A presente directiva é aplicável sem prejuízo dos direitos à informação e consulta dos trabalhadores previstos nos direitos nacionais.

ARTIGO 13º
Acordos vigentes

1. Sem prejuízo do nº 2, as empresas e os grupos de empresas de dimensão comunitária nos quais exista, na data prevista no nº 1 do artigo 14º ou na data, anterior a esta, de aplicação da directiva no Estado-membro em causa, um acordo aplicável a todos os trabalhadores que preveja a informação e consulta transnacionais dos trabalhadores não estão sujeitos às obrigações decorrentes da presente directiva.

2. Quando caducarem os acordos referidos no nº 1, as partes nesses acordos podem tomar a decisão conjunta de os prorrogar.

Caso contrário, é aplicável o disposto na presente directiva.

ARTIGO 14º
Disposições finais

1. Os Estados-membros adoptarão as disposições legislativas, regulamentares e administrativas necessárias para dar cumprimento à presente directiva o mais tardar em 22 de Setembro de 1996, ou assegurar-se-ão, o mais tardar nessa mesma data, de que os parceiros sociais põem em prática as disposições necessárias por via de acordo, devendo os Estados-membros tomar todas as dispo-sições necessárias que lhes permitam em qualquer momento garantir os resul-tados impostos pela presente directiva. Do facto informarão imediatamente a Comissão.

2. Quando os Estados-membros adoptarem essas disposições, estas devem incluir uma referência à presente directiva ou ser acompanhadas dessa referência na publicação oficial. As modalidades dessa referência serão adoptadas pelos Estados-membros.

---

[8] JO nº L 61 de 5. 3. 1977, p. 26.

Artigo 15º
Reanálise pela Comissão

O mais tardar em 22 de Setembro de 1999, a Comissão procederá, em consulta com os Estados-membros e os parceiros sociais a nível europeu, ao reexame das regras de execução da presente directiva e verificará, nomeadamente, a adequação dos limiares de efectivos, com vista a propor ao Conselho as eventuais alterações necessárias.

Artigo 16º

Os Estados-membros são os destinatários da presente directiva.
Feito em Bruxelas, em 22 de Setembro de 1994.
Pelo Conselho
O Presidente
N. BLUEM

ANEXO

DISPOSIÇÕES SUPLETIVAS
(referidas no artigo 7º)

1. A fim de realizar o objectivo referido no nº 1 do artigo 1º e nos casos previstos no nº 1 do artigo 7º, será instituído um conselho de empresa europeu, cujas competências e composição são regidas pelas seguintes regras:

a) A competência do conselho de empresa europeu limita-se à informação e consulta sobre as questões relativas ao conjunto da empresa ou grupo de empresas de dimensão comunitária ou, no mínimo, a dois estabelecimentos ou empresas do grupo situados em Estados-membros diferentes.

No caso das empresas ou grupos de empresas referidos no nº 2 do artigo 4º, a competência do conselho de empresa europeu limita-se às matérias relativas a todos os estabelecimentos ou a todas as empresas do grupo situados nos Estados-membros ou, no mínimo, a dois estabelecimentos ou empresas do grupo situados em Estados-membros diferentes.

ANEXOS 219

b) O conselho de empresa europeu compõe-se de trabalhadores da empresa ou grupo de empresas de dimensão comunitária eleitos ou designados de entre si pelos representantes dos trabalhadores ou, na sua falta, pelo conjunto dos trabalhadores.

Os membros do conselho de empresa europeu são eleitos ou designados em conformidade com as legislações e/ou práticas nacionais.

c) O conselho de empresa europeu é composto no mínimo por três membros e no máximo por trinta membros.

Se a sua dimensão assim o justificar, elege um comité restrito composto por três membros, no máximo.

O conselho de empresa europeu adopta o seu regulamento interno.

d) Na eleição ou designação dos membros do conselho de empresa europeu, deve assegurar-se:

– em primeiro lugar, a existência de um representante por cada Estado-membro no qual a empresa de dimensão comunitária possua um ou mais estabelecimentos ou em que o grupo de empresas de dimensão comunitária possua a empresa que exerce o controlo ou uma ou mais empresas controladas,

– em segundo lugar, a existência de representantes suplementares em número proporcional ao dos trabalhadores dos estabelecimentos, da empresa que exerce o controlo ou das empresas controladas nos termos da legislação do Estado-membro em cujo território se situa a direcção central.

e) A direcção central ou qualquer outro nível de direcção mais apropriado são informados da composição do conselho de empresa europeu.

f) Quatro anos após a instituição do conselho de empresa europeu, este apreciará a oportunidade de encetar negociações para a celebração do acordo referido no artigo 6º ou de manter em vigor as disposições supletivas adoptadas nos termos do presente anexo.

Os artigos 6º e 7º aplicam-se, *mutatis mutandis*, se for decidido negociar um acordo nos termos do artigo 6º; nesse caso, a expressão «grupo especial de negociação» é substituída por «conselho de empresa europeu».

2. O conselho de empresa europeu tem o direito de se reunir com a direcção central uma vez por ano para ser informado e consultado, com base num relatório elaborado pela direcção central, sobre a evolução das actividades da empresa ou grupo de empresas de dimensão comunitária e sobre as suas perspectivas. As direcções locais serão informadas desse facto.

A reunião incide nomeadamente sobre a sua estrutura, situação económica e financeira, evolução provável das actividades, produção e vendas, situação e evolução provável do emprego, investimentos, alterações de fundo relativas à organização, introdução de novos métodos de trabalho ou de novos processos de produção, transferências da produção, fusões, redução da dimensão ou encerramento de empresas, de estabelecimentos ou de partes importantes de estabelecimentos e despedimentos colectivos.

3. Em circunstâncias excepcionais que afectem consideravelmente os interesses dos trabalhadores, nomeadamente em caso de transferência de local de trabalho, de encerramento de empresas ou estabelecimentos ou de despedimentos colectivos, o comité restrito ou, se este não existir, o conselho de empresa europeu tem o direito de ser informado. Tem o direito de se reunir, a seu pedido, com a direcção central ou qualquer outro nível de direcção mais apropriado no âmbito da empresa ou do grupo de empresas de dimensão comunitária, com competência para tomar decisões, a fim de ser informado e consultado sobre as medidas que afectem consideravelmente os interesses dos trabalhadores.

Na reunião organizada com o comité restrito podem igualmente participar os membros do conselho de empresa europeu que tenham sido eleitos ou designados pelos estabelecimentos e/ou empresas directamente afectados pelas medidas em questão.

Esta reunião de informação e consulta realizar-se-á o mais rapidamente possível, com base num relatório, elaborado pela direcção central ou por qualquer outro nível de direcção apropriado da empresa ou grupo de empresas de dimensão comunitária, sobre o qual poderá ser emitido um parecer após a reunião ou num prazo razoável.

Esta reunião não põe em causa as prerrogativas da direcção central.

4. Os Estados-membros podem estabelecer regras relativas à presidência das reuniões de informação e consulta.

Antes de qualquer reunião com a direcção central, o conselho de empresa europeu ou o comité restrito, eventualmente alargado nos termos do segundo parágrafo do ponto 3, pode reunir-se sem a presença da direcção central.

5. Sem prejuízo do disposto no artigo 8º, os membros do conselho de empresa europeu devem informar os representantes dos trabalhadores dos estabelecimentos ou das empresas do grupo de empresas de dimensão comunitária ou, na falta de representantes, o conjunto dos trabalhadores, sobre o conteúdo e os resultados do procedimento de informação e consulta levado a cabo nos termos do presente anexo.

6. O conselho de empresa europeu ou o comité restrito pode ser assistido por peritos por si escolhidos, se tal for necessário para o cumprimento das suas funções.

7. As despesas de funcionamento do conselho de empresa europeu são suportadas pela direcção central.

A direcção central em causa dotará os membros do conselho de empresa europeu dos recursos financeiros e materiais necessários para que possam cumprir adequadamente a sua missão.

Salvo acordo em contrário, a direcção central suportará, nomeadamente, as despesas de organização das reuniões e de interpretação, bem como as despesas de estada e de deslocação dos membros do conselho de empresa europeu e do comité restrito.

Desde que respeitem estes princípios, os Estados-membros podem fixar regras orçamentais para o funcionamento do conselho de empresa europeu. Podem nomeadamente limitar a participação nas despesas a um único perito.

ANEXO 2

Conteúdo dos acordos do Procedimento de Informação e Consulta e do Conselho de Empresa Europeu do Grupo BES

	Procedimento de Informação e Consulta	Conselho de Empresa Europeu
Tipo de acordo	Artigo 6º	
Signatários	GEN e Direcção Central	Membros do CEE e Direcção Central
Data	16 de Julho 2003	30 de Março 2005
Legislação aplicável	Legislação Portuguesa	
Alcance geográfico	Abrande todas as empresas controladas pelo BES com sede nos Estados-membros da UE. Presentemente, abrange o Banco Espírito Santo, S.A. (BES) com sede em Portugal e o Banco Espírito Santo, S.A. (BESSA) sediado em Espanha.	
Duração do acordo	Quatro anos renovados por mais quatro se o acordo não for denunciado por qualquer das partes com uma antecedência de seis meses.	
Composição	Representantes dos trabalhadores	
Atribuição de lugares	. Dez representantes portugueses (5 lugares para a Comissão de Trabalhadores; 2 lugares para o Sindicato dos Bancários do Sul e Ilhas, 1 lugar para o Sindicato dos Bancários do Norte, 1 lugar para o Sindicato dos Bancários do Centro, e 1 lugar para o Sindicato Nacional de Quadros e Técnicos Bancários). . Um representante espanhol (em representação de diversos sindicatos). . Os representantes serão em número de 11.	
Eleição/nomeação dos representantes dos trabalhadores	Os representantes portugueses são designados/eleitos de entre trabalhadores do GBES no activo, de acordo com estipulado na lei aplicável. Os representantes espanhóis são designados/eleitos de entre trabalhadores do GBES no activo, de acordo com as disposições legais e regulamentares do respectivo Estado-membro.	
Protecção dos representantes dos trabalhadores	Prevista	
Duração do mandato	Quatro anos	
Formação	Não prevista	
Competências	Os representantes têm o direito de ser informados e consultados pela Direcção Central, em geral, sobre todas as matérias transnacionais susceptíveis de afectar consideravelmente os interesses dos trabalhadores. São consideradas matérias transnacionais todas as que dizem respeito ao conjunto do GBES ou, no mínimo, às empresas com sede em Portugal e em Espanha	

Questões objecto de informação e consulta	. Mudança nas instalações que implique transferências de locais de trabalho; . Encerramento de empresas ou estabelecimentos; . Despedimento colectivo; . Política de pessoal.
Oportunidade da informação e consulta	Inexistência de compromisso
Confidencialidade	Representantes não devem revelar a terceiros as informações recebidas com expressa reserva de confidencialidade nem as informações sujeitas pela sua natureza ao dever de sigilo profissional. Dever de sigilo perdura para além do local em que os obrigados se encontrem durante e após os respectivos mandatos e da cessação das suas funções.
Recusa em prestar informação	A Direcção Central reserva-se o direito de recusar prestar informação que, por lei ou regulamento, seja considerada confidencial ou privilegiada. Decisão da Direcção Central poderá ser impugnada judicialmente pelos representantes dos trabalhadores.
Recursos materiais e financeiros	Em Outubro de cada ano, os representantes dos trabalhadores apresentarão à Direcção Central uma proposta de orçamento para o seu funcionamento. A direcção Central suportará todas as despesas, devidamente orçamentadas, referentes à organização, funcionamento, informação e efectivação de reuniões, bem como as referentes às eventuais deslocações e estadas dos representantes.
Secretariado	Quando da sua primeira reunião, os representantes elegerão entre si um Secretariado. / Na primeira reunião do CEE com a Direcção Central (1 de Março 2006), foi formado um Secretariado composto por três membros: coordenação, administração e finanças.
Número de reuniões/ano sem Direcção Central	Os representantes podem reunir até quatro vezes ao ano, desde que em território nacional.
Número de reuniões/ano com Direcção Central	Os representantes podem reunir uma vez por ano com a Direcção Central.
Reuniões extraordinárias	Previstas
Reuniões preparatórias	Representantes dos trabalhadores têm o direito a reunir no dia anterior a qualquer reunião a efectuar com a Direcção Central.
Reuniões posteriores	Não previstas
Agenda	Deve estar disponível a ambas as partes num prazo de 15 dias previamente à reunião anual entre representantes dos trabalhadores e Direcção Central.
Difusão da informação	Os representantes dos trabalhadores no CEE devem informar os representantes dos trabalhadores das empresas do GBES ou, na sua falta, os trabalhadores sobre as informações recebidas e os resultados das consultas realizadas.
Língua de trabalho	Portuguesa
Tradução	Considerada desnecessária
Peritos	Não previstos

Fonte: Grupo Banco Espírito Santo (2003)